企业家讲坛 创新创业指导丛书

天性

长久需求和无限商机之源

林锐 ◎ 著

电子工业出版社
Publishing House of Electronics Industry
北京·BEIJING

推荐序

实践出真知

我从事工业设计的研究、实践和教学三十六年，见了太多关于用户研究、产品设计、创新思维之类的论著，多数有"八股文"的味道，了无新意，读之如同嚼蜡。

林锐博士是著名的研发管理专家和创业者，但他不是设计领域的专家。当他把三本新著《天性》《吸引》《做对》的书稿发给我审阅时，说实话，当时我挺疑惑。我想，一个不是学设计出身的人，如何能写出有价值的设计著作？

但出乎我意料的是，读完书稿感觉如沐春风，其独特的见解、生动的案例让人拍案叫好，欲一口气读之而后快。林锐曾多次请我从专业的角度提出改进意见，我则认为这三本书是极为宝贵的原创力作，如果套上所谓"专业"的枷锁反而会削弱它的亮点。所以，我力劝其保持原汁原味，此亦为该书的高价值所在。

《天性》《吸引》《做对》是林锐对自己近二十年产品研发与创业历程的反思力作，实践出真知。三本书精准而生动地阐述了天性需求、产品设计、创业道理，指明了许多误区（陷阱），令人耳目一新，极受启发。

　　林锐从不遮掩自己遭遇的挫折和失败，语为人镜，言为心声，真诚感人。没有枯燥乏味的说教，而有深刻的思考；没有晦涩难懂的理论，而有深入浅出的见解。我相信这三本书在当今创新创业大潮之下定会掀起波澜。

浙江大学计算机学院媒体与交互设计实验室主任　彭韧

前言

年轻的时候以为不读书不足以了解人生，后来发现如果不了解人生，是读不懂书的。

——杨绛

我从1993年开始研发产品，从1998年开始创业，至今已有近30年的产品开发经验和创业历练。我在创业初期总会习惯性地思考：我们怎样做才能在竞争中胜出？这是供给侧思维。随着年龄的增长，我会更多地思考：消费者内心真正的需求是什么？什么东西能吸引他？这是需求侧思维。当然，两种思维要融合，不能孤立地研究需求和供给。

我延伸一下杨绛先生的话：如果不了解人性，就无法"读懂"消费者内心真正的需求，也就无法做出打动消费者的产品。

人的需求复杂而多变，人内心想的、嘴上说的、实际买的并不完全一致，完全满足人的需求几乎是不可能的。绝大多数人忙碌一生究竟在追求什么呢？共同的答案是：幸福。

中国已经成为世界第二大经济体，社会安定，商品供给充足。

绝大多数人已经解决了温饱、生存问题，多数人走向殷实或富裕。此时，人们追求美好生活，即幸福，已经成为消费的主要内因。

幸福和需求有什么关系呢？

幸福体现在"不被迫、不着急"。当人们把钱用在不是刚需、不是痛点的地方的时候，当很多貌似没用的需求得到满足的时候，幸福就悄悄地降临了。当我们抛开刚需和痛点的执念后，就会发现人的需求是缤纷多彩的，都是有存在意义的。我观察和思考人的天性，例如，爱、爱美、懒惰、玩乐、享受等，发现这些天性催生了长久需求和无限商机。人对爱永远不嫌多，人对美没有抵抗力，懒惰激发了创新，享受是人的梦想，玩是快乐的源泉。

用于满足天性需求的商品，通常会给消费者带来快乐和幸福感，因而会被反复地、持久地消费。正是因为天性需求长久地存在，不是在风口中飘荡，不会转瞬即逝，所以给创业者留出了足够长的时间，以沉下心来打磨好产品。

本书用较长的篇幅谈论人的天性需求，包括：父母对子女的爱、子女对父母的爱、情侣之爱、爱美、懒惰、玩乐、享受等，这些都是人人熟悉却被忽视的需求。

其实创业者不必苦苦寻找刚需和痛点，长久需求一直都在你我身边。本书的主要目的是引导读者发现商机，更好地创造满足天性需求的好产品。

感谢西安电子科技大学校友金志江、宋朝盛、戴玉宏和浙江大学校友董军、刘灵辉、石磊的鼎力支持。感谢家人的长期支持。

感谢电子工业出版社编辑团队的辛勤工作，大家的努力只有一个目的，要对得起读者。

《天性》《吸引》《做对》这三本书对企业成长和创新创业教育具有较高的指导价值。其主要面向的读者是企业人士及对创业感兴趣的大学生。欢迎读者与我联系交流。

林锐

上海漫索计算机科技有限公司

linrui@mansuo.com

目录

第1章 需求常识

1.1 理解需要和想要 …………………………………… 2

1.2 何为刚需和痛点？ ………………………………… 9

1.3 刚需和痛点的陷阱 ………………………………… 11

1.4 拥抱缤纷多彩的需求 ……………………………… 17

本章小结 ……………………………………………… 21

第2章 父母对子女的爱

2.1 爱的力量 …………………………………………… 24

2.2 安全需求 …………………………………………… 28

2.3 衣的需求 …………………………………………… 31

2.4 食的需求 …………………………………………… 34

2.5　住的需求·· 36

2.6　行的需求·· 38

2.7　学的需求·· 41

本章小结·· 44

第 3 章　子女对父母的爱

3.1　孝敬推动消费·· 46

3.2　老年人生活用品·· 47

3.3　老年人手机·· 49

3.4　老年人保健·· 51

3.5　老年人娱乐社交·· 53

3.6　老年人旅游·· 55

3.7　老年人的学习·· 57

3.8　医疗陪护和养老服务···································· 60

本章小结·· 63

第4章 情侣之爱

4.1 爱情推动消费 ·· 66

4.2 相　　亲 ·· 67

4.3 恋爱场所 ·· 69

4.4 恋爱礼物 ·· 71

4.5 婚　　庆 ·· 73

4.6 分娩和坐月子 ·· 75

4.7 有子女后的爱情消费 ·· 78

4.8 分手和离婚 ·· 80

本章小结 ·· 82

第5章 爱　美

5.1 爱美的力量 ·· 84

5.2 人人都渴望变美 ·· 86

5.3 人喜欢占有美的东西 ·· 88

5.4 人有强烈的愿望欣赏美 …………………………………… 90

本章小结 …………………………………………………… 92

第6章 懒惰

6.1 重新理解懒惰 …………………………………………… 94

6.2 懒惰促进发明创造 ……………………………………… 96

6.3 懒惰促进应用创新 ……………………………………… 99

6.4 懒惰改进易用性 ………………………………………… 103

本章小结 …………………………………………………… 104

第7章 玩乐

7.1 重新理解玩乐 …………………………………………… 106

7.2 少年儿童的玩乐问题 …………………………………… 108

7.3 运动玩乐推动消费 ……………………………………… 112

7.4 球类运动 ………………………………………………… 113

7.5 奔跑运动 ………………………………………………… 115

7.6 游泳运动 ………………………………………… 117

7.7 攀爬运动 ………………………………………… 119

7.8 芭蕾和体操 ……………………………………… 121

7.9 街　　舞 ………………………………………… 123

7.10 骑行运动 ……………………………………… 125

7.11 滑板运动 ……………………………………… 127

7.12 胆量运动 ……………………………………… 129

本章小结 ……………………………………………… 131

第8章 ○● 享　受

8.1 重新理解享受 …………………………………… 134

8.2 物质享受和精神享受 …………………………… 136

8.3 享受是需求的高级满足 ………………………… 138

8.4 如何让客户产生享受的感觉 …………………… 141

本章小结 ……………………………………………… 143

第9章 男人的消费特征

9.1 被低估的男人消费地位 ······ 146

9.2 错觉而已 ······ 148

9.3 成年男人的四个消费阶段 ······ 149

9.4 挖掘男人的消费需求 ······ 153

9.5 解读"败家" ······ 158

本章小结 ······ 160

第10章 需求开发与管理

10.1 应用背景介绍 ······ 162

10.2 需求开发与管理方法 ······ 163

10.3 需求获取 ······ 166

10.4 需求分析 ······ 169

10.5 需求定义 ······ 171

10.6 需求评审 …………………………………………179

10.7 需求跟踪 …………………………………………181

10.8 需求变更控制 ……………………………………183

本章小结 ………………………………………………185

第 1 章

需求常识

1.1 理解需要和想要

"需求"（Demands）是经济学术语，它是生活用语"需要"（Needs）和"想要"（Wants）的统称。老百姓可能不会正儿八经地说"我的需求是什么"，他会说"我需要什么"或"我想要什么"。

西方人和中国人对需求的理解有比较大的差异，现在国际贸易已经占据了国民经济的较大比重，我们有必要了解西方人是如何看待"需要"和"想要"的。

上海某国际小学发布了一篇社科文章 Needs and Wants，让学生们练习"I will know how to choose between needs and wants"。这篇写给小学生的社科文章，内容质朴易懂，让一些常识进入孩子们的脑海。我摘录几个片段与大家共赏。

Things people must have to live are called needs. Food, water, clothes and a place to live are needs. Some people grow their own food. Other people buy food.

Things people would like to have are called wants. A toy is a want. It is fun to play with. But a person does not need toys to live.

Most people use money to buy needs and wants. The money we have is usually limited. Before we buy wants, we must meet all our needs. If there is money left over, we can spend it on wants.

译文：人们生活必需的东西叫"needs"。食物、水、衣服和住所都是"needs"。有一些人自己种植食物，另外一些人购买食物。

人们想要拥有的东西，叫"wants"。一个玩具是"want"，它可以用来玩乐。但是人不需要靠玩具来生存。

绝大多数人用钱购买"needs"和"wants"。我们拥有的钱通常是有限的。在购买"wants"之前，我们必须先满足所有的"needs"。如果钱有富余，则我们就可以花在"wants"上面。

这篇社科文章把"needs"解释为"生活必需品"，把"wants"解释为"自己想要拥有但不是必需的东西"，见图 1-1，创导了质朴的消费观念：人的钱是有限的，应当先用于购买必需品，多余的钱可以购买非必需品。

图1-1 "Needs"和"Wants"的区别

大家看了这几个片段，可知西方人的需求观念。

要在中国做生意，应当理解中国人的"需要"和"想要"，两者不是"必需品和非必需品的区别"，而是"表象和动机的区别"。**在下文中我会用"欲望"来替代"想要"。**

在中国人的消费文化里，需要是显性需求，而欲望则是隐性需求。需要是欲望的一种具体表达，欲望则是需要的背后动机。

在一般情况下，我们可以根据上下文的语意来判断消费者说的"需求"指的是"需要"还是"欲望"。需要和欲望之间的关系见图1-2。

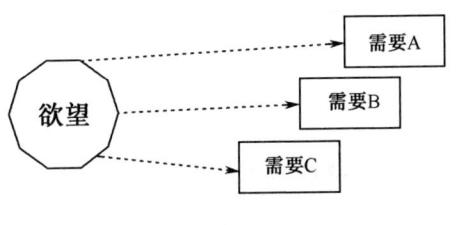

图1-2 需要和欲望的关系

人表达出来的"需要"并不能完整地、真实地反映内心的欲望。

"需要"如同飞翔在空中的一群小鸟，它们千姿百态、变化多端，而"欲望"则是小鸟的归宿——鸟巢。抓住需求，并不是忙碌不停地去追逐一只只小鸟，而是要抓住鸟巢，抓住需求诞生的根源。

真正成功的生意，不是简单地满足客户显性的需求，而是满足客户隐藏在内心的欲望。

有些时候，客户会把自己设想的某种解决方案当作需求来表达。如果我们对客户的需求多追问几句"干什么用、为什么"，那么通常能够找到客户真正的需求。

例如，客户说要一个电钻和一个锤子。

问："干什么用？"

客户答："用电钻在墙上打2个洞，用锤子敲入2枚钉子。"

再问："为什么要敲入2枚钉子？"

客户答："要在墙上挂一幅画。"

继续问："为什么要在墙上挂一幅画？"

客户答："因为墙壁太单调了，感觉缺了点儿东西。"

通过这个问答过程我们发现，电钻和锤子不是客户真正的需求，它们只是某种解决方案中的工具而已。挂一幅画，显然比电钻和锤子更加贴近客户的需求。但是如果有更好的方式来装饰墙壁，那么电钻、锤子和画可能都不需要了。

有些时候，客户内心的需求很难用语言准确地表达，说出来的需求可能是含糊的、甚至是误导的。开发者不能盲目地按照客户说的需求去做，而是要从原始信息中提炼真正的意图。

"得到 App"设计师李岩写了一篇非常有趣的分享设计经验的文章——《字要大，Logo 要大，这一世界性难题终于被解决了！》。

客户和领导说得最多的需求是"字要大，Logo 要大，要用大红色"。但如果真的按照字面意思去设计，结果就太丑了，客户和领导一定不满意，还会说不够大，不够红。

客户会提出一些自相矛盾的要求。例如，把 Logo 放大的同时缩小一点，把那个黑色做成五彩斑斓的，简约的同时复杂一点。这些要求令设计师抓狂。

设计师不能根据客户的原话直接设计，要搞清楚客户真正的意图。客户说字要大，其实是指要醒目、显眼、强信号，让人们很快记住。只要达到这个目的，字体就不必很大。客户说要用大红色，是指要让人们感到喜庆。只要达到这个目的，就不必真的用大红色。

有些时候，客户会提出很多需求，并且都很急迫。当你加班加点完成这些需求时，客户却用不上，那些需求其实无足轻重。

人的需求千变万化，有时还带有欺骗性，发掘真实需求是企业最重要的"做对的事情"（Do Right Things）。后续的设计、生产、销售、服务都是基于需求开展的，一旦源头产生错误，会导致后续环节产生巨大的损失。企业决策者要具备一定的社会阅历和深度思考能力，透过表象看本质，才能捕获真实需求，并且适应需求的变化。

1.2 何为刚需和痛点？

刚需是经济学术语"刚性需求"的缩写，是指在商品供求关系中受价格影响较小的需求。

通俗地讲，刚需是指人们的必需品，并且难以替代。即使价格上涨，人们也会买。小额刚需如水、电、汽油等，大额刚需如住房、教育、看病等。

刚需的必要条件是"难以替代"。如果有替代品，它就"刚"不起来。例如，蔬菜和菜油是老百姓的必需品，但不是刚需，因为供给种类太多了。某种蔬菜和菜油短缺，不会使其价格显著上涨，因为立即会有替代品补充进来。

猪肉对于大多数中国人而言是必需品，而且无可替代，不可能用牛羊肉替代猪肉。所以猪肉是大众刚需，猪肉短缺会导致其价格显著上涨，例如，2019年猪肉的价格比往年上涨2至3倍。

不太起眼的大葱和大蒜，对于一部分人来说是刚需。如果没有大葱和大蒜，某些菜肴就没有了"灵魂"，而且其他佐料无法替代大葱和大蒜，饭店慌张了，所以大葱和大蒜短缺会导致其价格显著上涨。

痛点，是指人的某种需求不被满足或者遇到麻烦，他很着急，因此他愿意花更多的钱去快速地解决这个"痛"。

例如，过去在春节前买火车票，售票处排队长达几百米，有些人很着急，愿意以高出原价一倍的价格买"黄牛票"。后来"黄牛票"被制止了，又出现了"抢票软件"，根源在于买不到票的痛。

上海"幼升小"面试季节，家长们很焦虑，于是催生了专门针对孩子面试的"突击培训"业务，价格比常规培训贵了几倍。我的两个孩子都参加过，花了好几万元。一旦过了面试季节，这类"突击培训"就没有了，又恢复到常规培训。

1.3 刚需和痛点的陷阱

在了解刚需和痛点的概念后，我们得出一个结论：人更愿意为刚需和痛点付出高代价，哪怕心有不甘。也就是说，用于解决刚需和痛点的产品和服务，更容易赚到钱。

这个道理我明白，你明白，所有聪明的、勤奋的创业者都明白，所有投资者也明白，于是创业者都争先恐后地涌入刚需和痛点市场。我逆着潮流，谈谈刚需和痛点陷阱，给创业者提个醒。

一、市场竞争激烈，生存不易

绝大多数刚需和痛点市场，要么被垄断，要么存在过度竞争，初创者很难生存。

你说得出来的刚需，如柴米油盐酱醋茶，甚至针线和纽扣，都有无数人在做。很多义乌批发市场和阿里巴巴电商平台的东西，依靠薄利多销，否则就卖不出去。即使对手都不强，你也无利可图。

你说得出来的痛点，就如一块肉，被一群狼抢夺，或者被狮子守着。你可能还没有分到肉就被淘汰了。

发现刚需和痛点没什么了不起的，它们不是秘密，即便你是第一个发现的，别人很快也就知道了。

刚需和痛点的市场很大，这是"正确的废话"。**市场大或小，和你没有必然的关系，你占领的市场才和你有关系。能够在激烈的竞争中胜出，那才是真本事。**创业者要认真地掂量自己：怎么活下来？凭什么胜出？

二、刚需产品不一定能够赚到期望收益

有一些刚需产品和服务，会被理所当然地认为应该免费或者低价。

例如，保障孩子在幼儿园的安全，毫无疑问是刚需。我的公司花了上千万元研发幼儿园安全互动平台，得到了很多园长和家长的认可。但是，当我们向家长收取15元/月的服务费时，有一些家长就会举报"乱收费"。

难道家长付不起 15 元/月的服务费吗？显然不是。

在某些家长的观念里，孩子在学校的安全是刚需，是理所当然的。一旦把孩子送进幼儿园，幼儿园应该承担一切安全责任和成本，家长不愿意多出钱。相比之下，如果幼儿园组织孩子到外面玩一玩，算不上刚需，但是家长却愿意额外付钱，金额远远超过安全平台的服务费。

三、痛点缺乏持久性

解决痛点的产品虽然好卖，但是缺乏持久性。企业依靠它可以获得短暂的收益，但很难获得长期的收益。因为痛点一旦被解决，客户就不"痛"了，他会立即转移需求。他甚至会后悔当初为了解决痛点而多付了冤枉钱，很难继续消费。

例如，当我的孩子进入小学后，我就觉得"幼升小"期间花的昂贵的培训费不值得。但是当初着急啊，总觉得培训会有大用处，于是就付了钱，事后却发现没什么用处。

有一些痛点构不成有效的需求。例如，小孩子的需求没有得到满足，他就会哭，似乎到处都是痛点，但是他哭一会儿就笑了。**我们不能简单地用时间长短来判断痛点的有效性。**有些孩子在家里哭个不停，连续哭一小时以上，第二天继续哭，让家长焦虑不安。然而孩子一去学校就不哭了,这是"伪痛点",无须解决。

如果你要把痛点客户转化为长期客户,期望产生更多的收益,你就要不断地解决客户新的痛点,满足新的需求,代价和风险很高。

数年前,我公司研发的幼儿园安全互动平台,最初只解决了一个痛点:让家长看到孩子进出校门口的照片,让家长放心。

解决方案很简单,当孩子进出校门口时,孩子用IC卡刷一下考勤机,摄像头抓拍照片,平台推送微信消息给家长。依靠这么简单的一个痛点功能,我们的产品迅速地进入了幼儿园。

当这个问题解决后,客户很快就不"痛"了,产品没有吸引力了。于是我们马上研发了"孩子进出校门口一分钟视频"推送功能,又吸引了园长和家长。可是他们适应之后,产品很快又没有吸引力了。

于是我们继续解决孩子上学和放学路上的安全问题,接着解决孩子测量体温的问题,解决孩子吃药的问题,等等。我作为亲自接送两个孩子的爸爸,把我想得到、技术解决得了的幼儿园安全问题,几乎都解决了。花了两年时间,平台集成了十几种设备,现场维护难度和成本比最初增加了数倍,但是费力不讨好。

有些家长认为中国治安非常好，教育管制很严格，安全压根儿不算什么问题，也就不想付费了。**客户基本上不"痛"了，而我们这些研发人员和服务人员却很"痛"。**

有一些同行干脆把"安全互动"这些痛点功能免费了，快速吸引了很多幼儿园，企图靠电商或广告来赚钱。而家长其实不会在幼儿园安全平台里面消费其他东西。有些同行亏损了几亿元之后，实在支撑不住，退出了。

四、过度夸大痛点的盈利能力

很多创业公司推崇这样的做法：

围绕一个痛点，把产品做到极致，用免费方式快速获取大量用户。用资本的力量，尽可能地打败竞争对手，做到行业第一，然后靠垄断或者增值服务从用户身上赚更多的钱。这种做法很鼓舞人心，但是成功者极少。

创业者和投资者过度夸大了痛点的盈利能力，患上了"群体妄想症"。

就如网约车市场，几个竞争对手总共花了上千亿元资金"拼杀"。资本方认为领先者能够独占老百姓的"出行入口"，所谓得用户者得天下，未来变现能力极强，所以网约车公司的估值很高。

我偶尔使用网约车App，觉得它很好用，但它终归只是解决了我偶尔打不到车的痛点，仅此而已。我不会在这类App里面消费其他东西。我虽然是网约车公司的痛点用户，但是我并不属于网约车公司，其实网约车公司赚不到我更多的钱。

基于某个痛点延伸出来的很多功能和服务，貌似很"高大上"，其实大多是一厢情愿的幻想而已。

1.4 拥抱缤纷多彩的需求

我剖析刚需和痛点的陷阱，并不是反对创业者进入刚需和痛点市场，而是提醒创业者不必挤在大众所知的刚需和痛点领域。

人类有很多天性需求，既不算刚需，也不算痛点，但是经久不衰，蕴藏着无限的商机。

例如，人爱美，这是天性需求，无所谓刚需或痛点。美的东西，永远被人喜爱，永远没有被垄断。哪怕疫情严重打击了经济，但是花店仍然有生意，即使日子再困难，人们也要买花。花，算不上刚需或痛点，但是它永远被人喜爱。

人奋斗的终极目标是什么？

多数人的回答是：过得更加幸福。

幸福体现在哪里？是更有钱吗？是更有权吗？都不是。

幸福体现在"不被迫、不着急"，当人们把钱用在"不是刚需、不是痛点"的地方的时候，幸福便悄悄地降临了。

教育是刚需，也是多数人的痛点。很多教育产品的确创造了价值，但是用户（尤其是孩子）的感觉可能是无奈的、厌恶的。学生花了十几年时间，做了几万道题目，参加了几百次考试，花了很多钱参加各种辅导班，这些努力似乎都不值得被记忆。然而人们却记住了看似没有多大用处的东西，例如，一场感人的电影，一首优美的音乐，一顿可口的饭菜，一件漂亮的衣服，一件让人惊喜的礼物，等等。

有位留学生写了一篇日记。他从国内名牌大学硕士毕业，费了好大劲儿到美国读生物工程博士，期望毕业后多赚钱。他借住在美国一个普通的中产家庭，每天忙个不停，过着单身的奋斗生活。

有一天房东邀请这位留学生参加自己儿子的毕业派对。房东的儿子刚从神学院毕业，回到家里邀请所有亲朋好友来分享他的喜悦。他脸上洋溢着幸福，拥抱了每一位客人。那一晚，这位留学生失眠了，因为他不知道自己究竟为了什么而奋斗。

当人的刚需和痛点越少，而貌似没用的需求越多时，人就越有幸福感。因为刚需和痛点通常是被迫产生的，而"无用"需求却是人主动产生的。

钓鱼既不是刚需也不是痛点，但是有人愿意跋山涉水、风雨无阻地去钓鱼。尽管他常常空手而归,却乐此不疲,因为他是主动的,而不是被迫的。

我无奈地排队给车子加了一箱"刚需的油",送孩子参加了一节"痛点"培训课,虽然满足了需求,但是我和孩子都不快乐。同样地,满足刚需和解决痛点的人,比如无聊的加油站工作者和筋疲力尽的老师,他们都不快乐。在回家的路上,我们不经意地买了一束花,听了一首歌,貌似无用的、很廉价的东西,却让我们很开心。

当我们抛开刚需和痛点的执念后,就会发现人类的需求一直是多种多样的,长久地存在于身心之中。当我们拥抱缤纷多彩的需求时,思路顿时开阔了,满眼都是机会。

美国著名心理学家亚伯拉罕·马斯洛(Abraham Maslow)发表了需求层次理论,模型见图 1-3。其核心观点是,人的需求是有层次的,先满足低层次需求,再满足高层次需求。马斯洛把需求划分为 5 个层次,从低级到高级分别为:

(1)生理需求(Physiological Needs)。

(2)安全需求(Safety Needs)。

(3)情感和归属需求(Love and Belonging Needs)。

(4)尊重需求(Esteem Needs)。

（5）自我实现需求（Self-actualization Needs）。

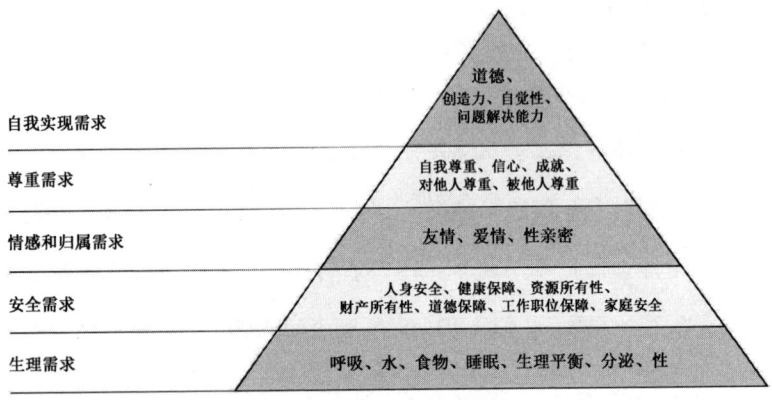

图1-3 马斯洛需求层次模型

马斯洛需求层次理论被人们广泛接受，在市场营销方面得到很好的应用。当然，任何社会学理论都不是完美无缺的、绝对正确的。很多学者认为，**人的需求其实并没有低级和高级之分，并没有固定的先后顺序。**

我认同这样的需求观点：人在不同场景下和不同的年龄阶段，会有不同的需求关注点。人的需求是丰富多彩的，可以分类研究，但是不必划分"高低层次"和"先后顺序"，不必拘泥于需求层次模型。

创业者要遴选需求，最好基于人的长久需求来研发产品，用足够长的时间沉下心来做好产品和服务。如果不停地在风口追逐需求，在空中飘荡，貌似热闹和时髦，可能什么都做不好。

本章小结

本章论述需求的重要概念。需要是显性的需求，欲望则是隐藏在内心的需求，它是源源不断地产生需要的动机。发现需要很容易，但是要深度思考才能搞清楚需要背后的欲望。

刚需和痛点很有诱惑力，但并不是创业的必要条件。当创业者和投资者言必谈刚需和痛点的时候，我们更要冷静地识别其中的陷阱。

中国已经成为世界第二大经济体，社会安定，商品供给充足。绝大多数人已经解决了温饱、生存问题，多数人走向殷实或富裕。此时，人们追求美好生活，即幸福，已经成为消费的主要内因。

我们观察和思考人的天性，例如，爱、爱美、懒惰、玩乐、享受等，发现这些天性催生了长久需求和无限商机。用于满足天性需求的产品，通常会给消费者带来快乐和幸福感，因而会被重复、持久地消费。它们可能不是刚需，也不是痛点，但是市场足够大，机会足够多。

好的创业，不仅能给用户创造实用价值，还能给用户带来愉悦，从而给创业者自己带来满意的效益。

第 2 章

父母对子女的爱

2.1 爱的力量

爱是人类最广、最深的精神需求，广到远隔万里，深到刻骨铭心。

人皆有爱，人为了爱有时可以不计代价，这是高度一致的天性。

例如，有的家庭为了给亲人治病，愿意千辛万苦甚至倾家荡产。只有爱才能支撑得住长久的苦难。

有些人为了让孩子上更好的学校，宁愿付出高昂的代价购买学区房，全家人"蜗居"在方寸之地直到孩子毕业。可见很多父母都望子成龙，为了孩子的前途情愿苦了自己。

电影《大话西游》曾风靡世界。编剧兼导演刘镇伟在采访中说，他曾想挑选一个女演员扮演孙悟空，可是找不到合适的人选，才请周星驰出演。众人问他为何会有这等惊世骇俗的设想。

刘镇伟说，《西游记》原著并没有表明孙悟空是男人，他一直认为孙悟空是女人。在他看来，只有深爱唐僧的女人，才可能历经磨难、受尽委屈，依然不离不弃地保护唐僧。如果没有爱，仅靠师徒关系是完成不了西天取经的艰巨任务的。世人只觉得《西游记》好玩，却不知有情深似海的真爱。

人的爱长久存在，由爱引发的消费是无法估量的，企业要充分利用爱来盈利。

产品设计者要思考如何更好地触发爱和彰显爱，因为人人都有"爱和被爱"的强烈愿望，爱要表现出来。能够触发爱和彰显爱的产品和服务，会快速地打动消费者。

钻石本是没有任何实用价值的微小石头。一句广告词"钻石恒久远，一颗永流传"，触发了爱的需求。当钻戒戴在手指上时，石头的大小，彰显了爱情分量，考验了追求者的诚意。小石头，让女人痴迷，让男人消费。

电视剧《鬓边不是海棠红》里有一对恩爱夫妻——表哥和表嫂。表哥半个时辰不见表嫂就很思念她，再见时就有惊喜的感觉。

表哥对女主说："我每天要看你表嫂800遍，每一遍都记在心坎里，你表嫂一丝一毫的变化我都看得出来。"

表哥和表嫂因爱而不觉流离颠沛之苦，这番话让女主很自怜、很失落，因为财富换不来刻骨铭心的爱。

无须山盟海誓和呼天喊地，表哥和表嫂竟然把平常的生活过得如此深情。这是我见过的彰显爱的极致艺术表现之一，像我这等木讷之人也瞬间被感动、被感染。我当即搂着7岁的女儿说："爸爸每天都要看你18遍，怎么都看不够、看不腻。"

人世间，父亲对女儿的需求通常是没有抵抗力的，而母亲对儿子和女儿的需求通常也都没有抵抗力。

人不论贫富贵贱，都会因爱（包括亲情和爱情）而迸发巨大的力量。

人类有三种产生高消费的爱：父母对子女的爱、子女对父母的爱、情侣之间的爱。 人和人之间还有其他的爱，其不在本书讨论范围之内。如果非得把爱分个高低，那么父母对子女的爱，一定排在第一位。

父母对子女的爱几乎是永恒的、无处不在的，不会随时间的流逝而减弱，见图2-1。中国父母对子女的付出巨大，父母甘愿为子女花钱、花精力，不仅养育子女直到其工作，在子女成家后可能还要资助其买房，还要帮忙照顾孙辈。

(a)

(b)

图 2-1 父母对子女的爱无处不在

在本章中,我将站在家长的角度讲述少年儿童安全、衣、食、住、行、学六方面的需求,健康需求分布在这些需求之中。

2.2 安全需求

儿童缺乏自我保护能力，家长很担心孩子的安全问题。很多家长都做过噩梦，梦见孩子走丢了、溺水了、受伤了，真是"日有所思，夜有所梦"。

凡是保护孩子安全的产品，只要货真价实，很多家长都会毫不犹豫地购买，几乎不用担心家长的购买力。

这里列出常见的儿童安全产品类型及用途，见表 2-1 和图 2-2。

表 2-1 常见的儿童安全产品类型及用途

儿童安全产品类型	用途
电源插口防护罩	防止儿童触电
家具边角边缘防护条	防止儿童碰撞受伤
窗户、楼梯、阳台防护栏	防止儿童从高处摔下
防夹工具	防止儿童被抽屉、柜子和门夹伤
儿童餐具	防摔坏、防割伤
防滑垫	防止儿童在卫生间、浴室滑倒
安全座椅	儿童乘车必需品

续表

儿童安全产品类型	用途
电话手表	主要功能是定位与通话，防止儿童走失
安全刀具	防止儿童割伤
防火工具	防止儿童玩火、失火
防烫伤水杯	防止儿童喝热水烫伤

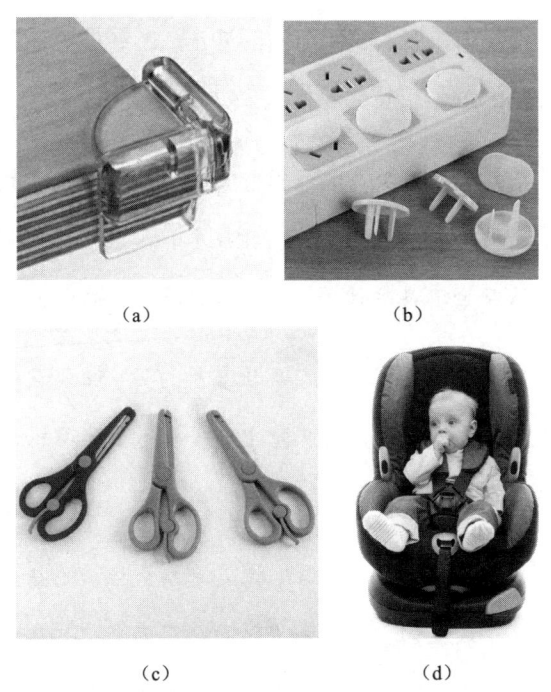

(a) (b)

(c) (d)

图 2-2 儿童安全产品示例

表 2-1 中所列的儿童安全产品，我全都买过，但都是从各种渠道零散地购买的。十多年来，我从未见过一家"儿童安全用品集合店"，这是供给侧盲点，存在较好的创业机会。

很多年轻的家长并不知道孩子需要什么样的安全用品,不能提前预防安全问题,通常是遇到麻烦后,再去寻找和购买。如果有儿童安全用品集合店,则陈列的产品会触发家长的安全需求。家长可能会同时购买一批安全用品,而不是零散地购买单件产品。

普通的儿童用品实体店,如服装鞋帽店等,经营成本(含房租和人工费等)很高,加上受到电商的冲击,已经很难盈利。我建议经营者开辟新的细分市场,不妨去做儿童安全用品集合店。

在众多儿童安全产品中,我很赞赏电话手表。我曾数次参观小天才电话手表的研发和生产部门,其技术和工艺水平世界领先。电话手表已经从安全工具延伸为儿童社交工具,大幅增加了使用黏性。

安全产品是痛点需求,很容易让家长购买,但缺点是缺乏持久性。市面上有大量功能单一的儿童电话手表,孩子用几天就没有新鲜感了,然后就搁置不用了。

儿童社交虽然不是痛点需求,但是有持久性,把安全需求和社交需求整合在手表里面,这是了不起的应用创新。小天才电话手表进一步打造了应用生态,建立了同行难以超越的市场壁垒。它的价格很贵,却卖得很好。可见,吸引用户的高品质产品,不用愁因为价格高而卖不动。

2.3　衣的需求

衣，泛指服装，包括衣服、鞋子、帽子、袜子、围巾、手套之类的纺织品。少年儿童发育快，几乎每个季度都要购买新的服装。儿童服装是巨大的行业，但是供大于求。

父母为孩子购买服装，主要关注设计、材质和价格。儿童服装品牌实在太多了，要想让产品脱颖而出，设计风格首先要有吸引力，才能吸引家长前来沟通和了解，家长才有机会购买。吸引家长的设计风格主要有亲子、个性化和时尚。

亲子设计很能触发爱和彰显爱，父母和孩子共同穿亲子装，一次能卖出数件，很讨巧，见图2-3。建议服装店多陈列一些亲子服装，容易吸引家长和孩子。

（a）

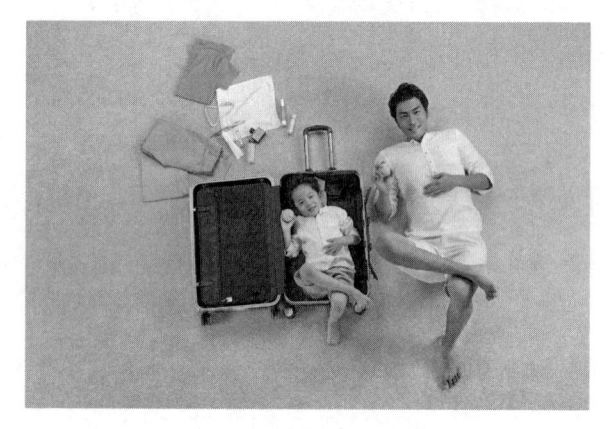

（b）

图 2-3 触发爱和彰显爱的亲子服装

个性化设计，例如，在商品表面印上自己选择的照片、文字、Logo 等，彰显个性。更加深度的个性化设计，是客户参与款式设计，客户不仅是消费者，而且还是分销者，分享收益。中国的服装生产设备、物流、营销平台足以支撑服装的个性化设计和营销。

时尚设计，除了常规意义上的新潮、流行，更加特别的是文化复古设计，可以彰显孩子的气质，也含蓄地体现父母的文化底蕴。中国的文化复古题材非常多，很值得挖掘。

当家长看中了服装的款式（设计）后，他就会仔细看、仔细摸，了解服装的材质。材质越好，就越健康舒适，售价也就越高。国家有行业规范，其要求所有服装的标牌，都必须写明材料构成。俗话说"药材好，药才好"，这个道理也适用于服装。设计相同的服装，由于材质差异，价格可能相差很多。

价格通常不是决定购买的最重要因素。儿童服装几乎不是奢侈品，所以一般不会出现让家长承受不了的高价格。服装价格取决于材质和设计，关键是要让家长觉得值。

2.4　食的需求

　　饮食是人们的高频消费。在新冠肺炎疫情期间，生鲜超市一直很火爆。疫情对餐饮业的打击很大，但是复苏最快的也是餐饮业。在服装店门可罗雀之际，餐饮店已经开始排队了，人们不禁感叹，真是"民以食为天"啊！

　　中国是美食大国，人们引以为豪。但是很多人过于关注味道，却不关心营养。有些家长，甚至有的厨师，都不明白食材的营养结构。

　　中国人普遍对孩子的学业和事业有很高的期望，家长为孩子付出了很多钱财和精力。当然父母也希望孩子长得高、长得壮，但是不知道怎么做。

　　我在上海见过几家儿童主题餐厅，供儿童吃饭和玩乐，食物的价格是常规餐厅的两三倍。家长和孩子第一次去会有新鲜感，孩子的心思在于玩而没有好好地吃，对家长而言儿童主题餐厅没有持久吸引力。

这类儿童主题餐厅具有创意，但是缺乏黏性。近 12 年，这类餐厅我带 2 个孩子只去过 5 次，属于低频消费。经营者抓住了孩子的"好玩"需求，但是没有抓住家长关注的"健康"需求。

现在的家庭经常到餐馆吃饭，孩子被迫跟着大人去吃，大人和孩子对食物的需求原本是不一样的，却混在一起。

面向少年儿童的健康餐饮，明显供给不足，甚至都没有形成细分市场，这是供给侧盲点。

我对餐饮业经营者的建议是，与其挤进成人餐饮的红海市场，不如另辟蹊径，专注少年儿童的健康餐饮。口号我都想好了：**让孩子长得高、长得壮！**

如果孩子到儿童餐厅吃饭有利于长个儿，那么会有很多家长愿意排队。如果改进饮食能够保护孩子的视力，那么就更了不起了。

少年儿童餐饮机构，包含线下和线上服务，如果能够让孩子更加健康，机构不仅能赚到很多钱，而且功德无量，我迫切希望成为其客户。

2.5 住的需求

孩子成长过程中需要睡觉和学习的空间和用品。少年儿童健康居家用品有床、床上用品、书桌、椅子、灯具等,见图2-4和图2-5。

图2-4 少年儿童健康居家用品:床、灯具等

图 2-5　少年儿童健康居家用品：桌椅等

和住相关的产品大多是耐用品，购买一次，能使用很长时间。由于睡姿、坐姿、灯光对孩子的健康影响很大，有健康认知的家长会选择高品质产品，不会在这方面省钱。

关于儿童"住"的产品不是快销品，家长购买频率比较低，更新周期比较长，消费特征明显不同于"衣"和"食"。所以，厂家在设计和生产的时候，别想着薄利多销，要去做"好而贵"的产品。

2.6 行的需求

少年儿童的"行",主要是短距离的出行和长距离的旅游,见图 2-6。

随着年龄的增长,孩子的出行工具相应地发生变化,如婴儿车、学步车、自行车、电瓶车、轿车和公共交通工具。中国是交通工具的生产大国,这个领域的产品十分庞杂,算是红海市场。如果想在这个领域立足,对创业者的技术和资金要求比较高。

(a)

图 2-6 孩子成长过程中的"行"

(b)

(c)

(d)

图 2-6 孩子成长过程中的"行"(续)

未来，少年儿童出行的主要开销不是交通工具，而是旅游。旅游对孩子的成长意义重大。旅游的主要目的不只是游山玩水，还可以开阔视野，了解各地风土人情，激发雄心壮志，这是书本无法替代的。

互联网旅游平台主要提供普通服务，例如，预订机票、酒店和景点门票等，无法提供更多个性化的服务，旅游细分市场的创业机会甚多。

目前比较流行游学（旅游学习的简称），即组织孩子参观教育机构（如大学和科普基地），的确有一定的价值。

我建议经济条件比较好的家庭，在孩子小学高年级和中学阶段，尽量带孩子到国外旅游，参观著名大学和博物馆，让孩子开阔眼界。

2.7 学的需求

现在小学生和中学生的学习负担较重，他们起得早，睡得晚。空余时间原本是让孩子去玩，去发展自己的兴趣爱好，但是越来越多地被挤占，成为学校课程的延伸。即便有一些课余时间用于学习才艺，但也不一定是孩子自己的兴趣爱好。

中国人口巨大，就业竞争较激烈，家长都重视孩子的教育，期望孩子未来有出息。除了学校教育，课余教育服务的需求量也很大，无论线下还是线上，创业机会甚多。创业者需要了解教育市场的特征，提供相应的解决方案。

特征一：线上教育无法取代线下教育，线下教育仍然占主导地位。

在新冠肺炎疫情期间，全国中小学开始上网课，但网课的效果不及常规的学校教学。

在家长看来，为线上学习付费几百元、上千元比较贵，因为见过太多9元的促销课程。但是为线下学习付费上万元，家长可能都觉得是理所当然的。

最近6年，我对2个孩子的课余线下教育的累计花费，大约是线上教育花费的50倍。

线上教育比较适合自觉性强的高年级学生，不太适合低年级学生。

特征二：教育服务的竞争力，不在于商业模式和资金，而在于优秀教师。

教育服务行业存在一些知名企业（如新东方、学而思等），但是难以形成垄断或寡头。在不少行业，可以"烧钱"补贴用户或者大量复制连锁店（如奶茶店、咖啡店等），从而快速抢占市场，但是优秀教师无法大规模复制。家长不会为了贪图便宜，而把孩子送到师资差的机构。没有优秀教师，"烧钱"抢来的市场毫无用处。

特征三：教育服务的用户是孩子，客户是家长，真正的需求来自家长而不是孩子。

家长的需求动机主要有两点：一是自己有未实现的愿望，期望孩子来实现；二是焦虑，怕孩子落后于其他人。

为什么有些家长逼着孩子成为学霸？因为他们自己可能不是学霸，所以羡慕学霸。为什么有些家长想方设法让孩子读名校？因为他们自己可能没有读过名校，所以羡慕名校。如果家长自己是名校的学霸，他可能就能用平常心看待学霸，顺其自然了。

我儿子出生的第一周，我就买了一本《物理学大全》，梦想着从幼儿园开始教他物理，把他培养成为物理学家。因为我自己没有成为物理学家，内心一直有遗憾。12年过去了，那本书儿子没有看过一页，也不愿意看，我尝试过、失望过，但是理智终究盖住了欲望，我没有为难孩子。

我当然也焦虑，凡是别人家孩子擅长而我的孩子不会的事情，都会引发我的焦虑。我怕看微信，怕收到老师的意见，怕看到其他家长"晒"孩子的优秀。将心比心，我很少"晒"自己的孩子，就怕引起别人的焦虑。

家长常以爱的名义，把自己的欲望强加给孩子。所以教育行业的创业者要研究家长的需求。

例如，调研家长有哪些未实现的愿望，我们可以帮助其实现；家长有哪些焦虑，我们可以帮助其消除或者缓解。

本章小结

在人类所有的爱中，父母对子女的爱最深、最持久。父母对子女的付出是不计代价、不计回报的。

人们常说"赚孩子的钱容易"，根本原因是产品触发了父母对孩子的爱，父母愿意为孩子不断地花钱。

本章论述少年儿童安全、衣、食、住、行、学六方面的需求，分析这些需求背后的原因，探讨可能存在的市场机会。市场上已经存在的很多产品，都值得重新设计，注入新的吸引力，唤醒或激发消费。

第 3 章

子女对父母的爱

3.1 孝敬推动消费

父母和子女之间的爱长久存在，父母对子女的付出，常常会多于子女对父母的付出。父母在青年和中年阶段，钱财和精力主要用于子女的成长。子女对父母的关爱和付出，被称为"孝敬"，通常体现在父母退休之后。孝敬是中国的传统美德，在古代就写入了《三字经》。

人到中年，上有老，下有小，压力甚人。父母的健康是子女的福分，健康是中年子女和老年父母的共同需求。

父母习惯了勤俭节约，自己舍不得消费，甚至觉得除了看病，其他的都不需要。**老年父母的消费要靠子女的爱来推动，触发和彰显子女的孝敬心尤为重要。**

3.2 老年人生活用品

老年人有大把的空闲时间，他们会寻找便宜的生活用品，并且乐此不疲。老年人自购生活用品有明显的共性特征，他们倾向于用时间来换取便宜。中青年通常不会这样做，因为他们的时间很宝贵。老年人大多不会点外卖，点外卖的大都是年轻人。

上述现象提示创业者，把某些商品和服务的黄金时间段，尽可能留给中青年，可以卖得贵一些；把大量闲置的时间段，设法转移给老年人，可以卖得便宜一些，这样会增加消费机会。

例如，在有些超市和商店门口，早上6点就有大批老年人排队，因为可以买到打折商品，哪怕便宜几毛钱都有吸引力。卖方也乐意打折卖掉库存，双方都高兴。在这个时间段，中青年可能还在睡觉或者赶早去上班，一般不会买东西。

优惠券和促销广告对老年人很有吸引力。研究老年人的消费特征，可以找到很多机会。

子女给父母买生活用品，如服装，通常会买贵的，否则难以体现孝敬的诚意。但是两代人的消费观念不一样，子女认为品牌和设计很值钱，而父母可能不在乎。

子女买贵的东西送给父母，不一定会被父母认可，父母可能认为子女乱花钱，引起两代人的争吵。

什么东西能够让子女和父母都觉得"贵得有道理"呢？通常不是品牌、设计和广告，而是"好材料"。

无论饮食还是服装，材料好而价格高，这是硬道理。不仅让父母觉得值，而且有面子。

3.3 老年人手机

老年人手机的主要用途包括：打电话、看子孙照片、视频聊天、转发一些文章。老年人手机的特点是：待机时间长、声音响亮、字大、按钮大、不容易摔坏。

还有一些老年人记忆力衰退或者患有老年痴呆，需要定位和报警设备，类似于儿童电话手表。

中国在制造通信设备方面世界领先，针对老年人的通信设备，不存在技术问题。目前大量的手机广告，都是针对年轻人的，在一定程度上忽视了老年人。

老年人用的手机，大多是子女淘汰了的旧手机，并不能真正满足老年人的通信需求。

目前市场上还没有知名的老年人手机品牌，手机大厂可能看不上很小的细分市场，这就给小企业留下了机会。针对年轻人的美观设计并不适合老年人。

打造老年人的通信设备，要在易用性方面多下功夫。让子女有机会送出新的老年人手机，而不是把旧手机送给父母。

3.4 老年人保健

中国保健品的销量极大，广告迎合了老年人的健康需求，不仅老年人自己会购买，子女为了孝敬长辈也会购买。

保健品的功效，不像食物和服装那样容易识别优劣，很多知识分子有时也会上当，何况普通百姓。

保健品营销活动常冠以"健康、关爱"的名义，到处"行骗"，每年中央广播电视总台3·15晚会都有报道。并不是每个保健品企业都是"坏蛋"，好企业要自证清白，获得消费者的信任，不要把好市场做烂了。

城市里有很多足浴店、按摩店，但是专门为中老年人提供保健服务的相对比较少。中老年人的诸多慢性病，例如"三高"、肠胃病、颈椎病、腰酸背痛、腿脚无力等，需要长期调理。很多人不愿意经常去医院，自己在家又解决不了，所以需要附近的养生保健服务，一方面是获得针对性的护理，另一方面是得到情绪的疏通，两者对健康都有益。

中年子女希望老年父母能获得有信誉的养生保健馆的服务，随着年龄的增长，连子女自己都需要这些服务，保健需求是真实存在的。

3.5　老年人娱乐社交

中国老年人的娱乐活动种类比较少，农村有棋牌室，城市里流行广场舞。广场舞是了不起的娱乐方式，既锻炼身体，又让人开心，而且成本很低，在中国和世界华人社区蓬勃发展。

世上本无广场舞，跳的人多了，就有了广场舞，见图3-1。

初期的广场舞比较扰民，经常让周边居民无法休息，引发了不少矛盾。现在广场舞工具越来越先进了，喧闹时间跳舞用移动音响，早晨和晚上跳舞用无线耳机。几百人整齐划一、无声无息地跳舞，场面非常震撼。越来越多的年轻人和小孩也加入了广场舞队伍。

如果没有广场舞，那么无数老年人的精力可能会无处释放，还可能会把空闲时间用于打牌，或过多介入子女的事务，引发很多家庭矛盾，那多可怕！尽兴跳舞吧，大爷大妈们。

(a)

(b)

图 3-1 广场舞

广场舞是黏性极高的社交活动，大爷大妈们爆发出惊人的群体行动力，但广场舞的商业价值还没有发挥出来。

多数互联网创业项目都是由年轻人主导的，创业者可能和老年人相差几十岁，不了解老年人的社交需求，留下了空缺市场。让老年人有自己的社交平台，这是尊重和孝敬老年人的体现。以广场舞为切入点，运营老年人的社交平台，是不错的创业机会。

3.6 老年人旅游

中国旅游业的市场巨大，消费强劲，也出现了世界级的互联网旅游平台，如携程。但是针对老年人旅游的服务仍然不够多、不够好。

我是携程二十多年的老用户，从青年用到中年，总体来讲很满意。但是老年人大多不会用携程，因为太复杂了。

如果父母天天待在家里，就没有新话题和子女、孙辈聊天，唠叨多了会引发家庭矛盾。如果父母去旅游，子女会支持，全家老小都开心。老年人旅游不图豪华和名气，他们有足够多的时间和精力逛遍每一个角落。年轻人不愿意去的地方，老年人或许愿意去，只要不欺骗老年人，他们往往成群结队地去旅游，见图 3-2。**所以老年人旅游是分布广泛、单价比较低、但是体量很大的市场。**

大多数旅游平台的目标用户都是年轻人和中年人，忽视了老年人。老年人旅游的细分市场，包括线上和线下服务，仍然有很多创业机会。

图 3-2　老年人旅游

3.7　老年人的学习

在很多人的观念里，老年人退休之后主要有休闲需求，很少有学习需求。老年人的记忆力和智力迅速衰退，这可能是长时间不动脑筋导致的。

学习是让老年人保持脑力健康的有效方法。

老年人的学习毅力超过一般人的想象。我的岳母从 70 多岁时开始学《易经》，而且自学了 PhotoShop。她经常编辑子女和孙辈的照片，每年都为每个小家庭制作挂历，每个月份都有匹配的照片和《易经》解说，令人惊叹。由于经常动脑筋，如今，近 80 岁的岳母仍然思维敏捷，还能点评我写的文章。

老年人很适合学习文学、历史、书法、绘画等，他们有丰富的人生阅历，重新学习能更上一层楼，造就大批智者，老有作为，见图 3-3。

年轻的时候以为不读书不足以了解人生，后来发现如果不了解人生，是读不懂书的。——杨绛

(a) (b)

(c)

图3-3 老年人的学习

不少中年人需要老年人带小孩,但是内心又担心他们带不好,既需要又排斥,带小孩引发的家庭矛盾甚多,都是"爱"惹的祸。如果能让老年人去学习,让其成为"智慧老年人",对儿童和青少年的影响就会很好。

少年儿童的培训机构多如牛毛,而针对老年人的学习服务则很少,几乎是个空白市场。等老年人的学习机构多起来了,国家可能就无须担心老龄化了,会转而拥抱"智慧老年人"。

3.8 医疗陪护和养老服务

父母生病是令子女焦虑的事情。目前中国还无法普及私人医生，很多家庭需要体贴的医疗陪护。

主要需求有：在生病时需要找到合适的医生，协助挂号就诊、手术陪护、医后照顾，等等。

满足这个需求的医疗服务 App 有很多，**但是生病的老年人可能不会用 App，他们最需要有温度的陪护**。当人生病时，老年人和子女都愿意花钱治病买个放心，见图 3-4。我的长辈需要医疗陪护，将来我自己也需要。

有不少家庭的子女远离父母，父母身边的亲戚朋友也比较少。当父母年迈时，需要有人照顾，需要经常与人面对面地沟通，但是子女可能无法回到父母身边。

(a)

(b)

图 3-4 医疗陪护和养老服务

养老院是老年人群体生活的地方，原先是政府设立的福利机构，目前已经开始市场化运营。早些年，如果父母去养老院，则会被误认为家庭不和睦、子女不孝顺。现在大家思想开放了，养老院可以解决部分子女无法照顾老人的问题。我的一些长辈表达了想去养老院的意愿，大家觉得这很正常，子女也支持。

市场上还有一些季节性的养老服务，例如，很多老年人每年会去海南居住几个月，价格公道，越来越受欢迎，老年人和子女都愿意花这笔钱。

目前养老院的主要问题，不是需求和购买力的问题，而是诚信的问题。失信是养老市场的主要障碍，反过来讲，有诚信就不愁没客户。未来，养老院的客户将从高收入家庭逐渐扩充到中等收入家庭。

本章小结

西方不常用孝敬这个词，他们用爱表达孝敬的含义，孝敬的英文就是 Love。孝敬不仅包含了亲情之爱，而且赋予了社会期望的道德责任。从这个角度讲，由孝敬触发的消费市场，比单纯的爱更大。

退休的父母，拥有充裕的时间和不菲的消费实力。而创业通常是年轻人和中年人的事情，但是年轻人和中年人并不了解老年人的需求。所以存在供需矛盾，也就意味着存在不错的创业机会。

本章论述了老年人生活用品、手机、保健、娱乐社交、旅游、学习、医疗陪护和养老服务等方面的需求，目的是发掘空白的或低度竞争的细分市场。

第 4 章

情侣之爱

4.1　爱情推动消费

　　情侣从相识到相恋再到结婚，在这个过程中因为爱情产生了密集的消费。夫妻有孩子之后，主要精力和财力用于养育子女，这个过程持续 20 多年，其间爱情消费会被大幅削弱。子女长大之后，有些夫妻的爱情消费回升。

　　爱情是精神需求，由此产生了很多冲动型消费。商品的实用价值可能并不重要，例如，情侣吃饭的目的不只是为了吃饱和吃好，看电影的目的不只是为了娱乐，醉翁之意不在酒。**凡是有利于求爱和彰显爱情的商品和服务，会被坠入爱河中的人们优先购买。**

4.2 相　　亲

年轻人在学校里结交异性朋友的机会很多。学生时期没有生活压力，哪怕不富裕，只要有一些优点，就有机会谈一场风花雪月、花费不大的恋爱。一旦工作，社交机会骤然减少，工作和生活压力真切地来了，由此产生了大量单身人士、大龄"剩男剩女"。

对于相亲这件事，父母比子女更加着急。相亲是充满希望和失望的社交活动，线上和线下的相亲社交蓬勃发展，见图4-1。

（a）

图4-1 相亲场景

(b)

图 4-1　相亲场景（续）

多数单身人士，除了硬实力（如财富）不够强，情商、仪态和谈吐方面可能也比较欠缺。

公园里有两个小学生不亦乐乎地下象棋，一位单身男士看了一会儿说："这个男生下得还可以，这个女生根本是在瞎走，象怎么可以过河呢？她竟然还赢了！"旁边大妈一声叹息："人家小学生都懂的道理，你25岁了还不懂，知道你为啥单身了吧。"

有位单身人士说，在相亲的时候，对方姑娘一直在看手机，他以为希望不大，就问她是不是赶时间。想不到对方脸一下子就红了，她说自己面对喜欢的人就不知道怎么讲话了，所以一直在查百度、知乎。

相亲服务机构除了介绍对象，还应当提供咨询和培训服务，提高单身人士的相亲成功率。

4.3 恋爱场所

谈恋爱的人需要合适的场所，如公园、餐厅、咖啡厅、酒吧、影院、酒店等，见图 4-2。

如果场所能够提供更好的格调和私密性，被情侣喜欢，那么其价格可以比同类场所高一些。例如，情侣座的价格比两个独立的座位更贵，情感服务产生了更高的利润。

（a）

图 4-2　恋爱场所

（b）

图 4-2 恋爱场所（续）

4.4 恋爱礼物

在恋爱期间，男女之间赠送礼物是高频消费。男生送女生礼物，会区分"未确定关系"和"确定关系"的礼物。而女生送男生礼物，一般都是"确定关系"的礼物。

在未确定关系时，礼物一般不能太张扬和昂贵，避免对方不接受而导致尴尬和损失。**在确定关系后，礼物要尽可能彰显恋爱关系**。送礼的人除了取悦对方，还要展现身份，向世界宣告自己是 **XX** 的恋人，暗示别人让开。

男生送女生的常见礼物有鲜花、化妆品、毛绒玩偶、包、首饰、手表、手机、服装等，还有红包。

女生送男生的常见礼物有领带、皮鞋、腰带、手表、服装、男士护肤品、电子产品等。

如果要见对方父母，那么还要赠送能够彰显孝敬心的礼物。

第一次去女友家，我问她带什么礼物比较好。女友说带点实惠的就行。于是我就买了一袋大米、两袋面、几桶油。到了女友家，她爸说："小伙子，你是过来'扶贫'的吗？"

恋爱送礼是一门学问，经常愁煞送礼人。创业者要洞悉恋人的消费特征，做出与众不同的恋爱礼物，既赚钱，又当好人，这是个创造幸福的事业。

4.5 婚　　庆

婚庆，通常是大笔的爱情消费。多数人一生只有一次婚庆，所以格外隆重。婚庆花费主要有：婚纱照、戒指、新娘化妆、司仪、婚宴，后续可能还有旅行，见图 4-3。若家庭条件好，还会买车子和房子。

(a)

图 4-3　婚庆

(b)

图 4-3 婚庆（续）

从经济学角度讲，婚庆的所有花费都是"沉没成本"，有弊也有利。"弊"是给夫妻带来较大的经济压力，办婚礼可能会导致负债数年；"利"是会促进夫妻同舟共济。

4.6 分娩和坐月子

夫妻在第一个孩子出生的时候，对分娩和坐月子毫无经验。

医院产科里，一个青年拿着一瓶"爽歪歪"跑来问医生："宝宝喝这个要不要热一下？"

医生愣了一下问："宝宝多大了？"

这位青年说："刚刚出生，我老婆没有奶，我买了'爽歪歪'给宝宝喝。"

医生脸色铁青，紧握拳头，沉默了一会，把青年带到护士间，对护士说："好好盯着他，别让他靠近婴儿。"

中国的生育、医疗水平不断地提升，但由于人口多，优质的公共医疗服务仍然不足。大多数公立医院的产科人满为患，在这种环境下，服务质量可能不高。如果产妇需要剖宫产，那么分娩和坐月子会是她一生中比较恐惧和无助的时段。

我是两个孩子的父亲,在生育和养育孩子方面有亲身经历。我对即将生育的夫妻有一个重要的人生忠告:

在分娩和坐月子期间,适度的"奢侈或浪费"将增进感情,是回报率很高的投资。反之,"过于节俭"将埋下矛盾的种子。

经济条件好的家庭,可以选择当地较好的医院和VIP服务,产后选择月子中心或者高信誉度的月嫂。经济条件一般的家庭,宁可减少其他开销,也要增加分娩和坐月子的花费,尽可能获得更好的服务,见图4-4。

恋爱和婚姻产生大量的"面子"消费,有不少消费可有可无,而分娩和坐月子则是真正重要的"里子"消费,不可草率对待。

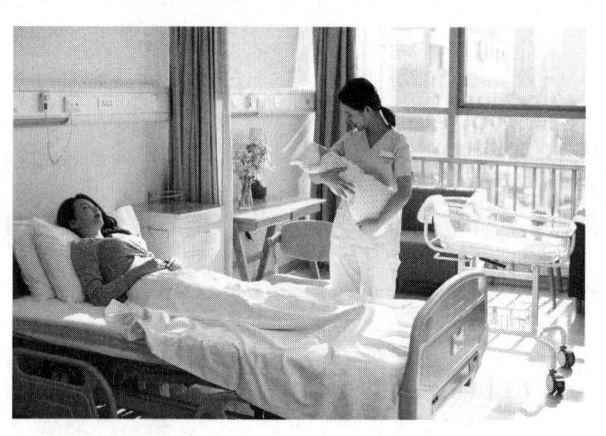

(a)

图4-4 分娩和坐月子服务

(b)

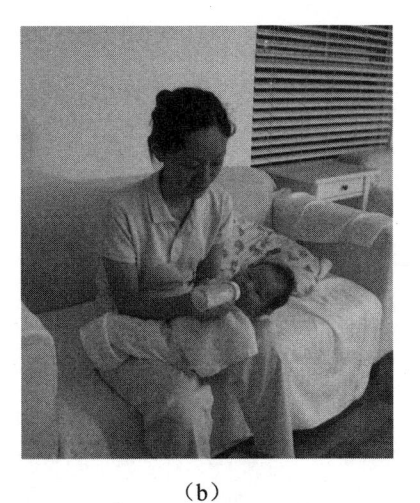

图4-4 分娩和坐月子服务（续）

这个领域供小于求，属于蓝海市场，主要问题是供给侧的服务质量和信用问题，而不是购买力问题。

4.7 有子女后的爱情消费

夫妻在有孩子之后，主要精力和财力用于养育子女，为了增进爱情的消费比较少。通常，节日和纪念日才会"点燃"爱情消费，大部分时间孩子的消费优先级高于夫妻爱情消费。

当初和媳妇结婚的时候，她非要拍9998元的婚纱照。我问："9998元是不是太贵了？"媳妇反问："难道我不值9998元吗？"

在生了孩子后，有一天媳妇看到了柜子里的婚纱照相册。媳妇问我："当初咱俩拍这玩意儿花了多少钱？"我说："9998元！"媳妇尖叫："抢钱呢！就这几本相册，加上那几个相框，就要9998元？这可以买多少奶粉啊！"

当子女读大学或者工作后，夫妻的时间、精力大幅增加。这时会出现两种状况：一部分夫妻因无法调解矛盾而选择离婚，另一部分夫妻感情回暖，目前后者多于前者。

一向邋遢的同事张大哥最近发生了很大的变化。衣服烫平了，鞋子擦亮了，头发整洁了，出手阔绰了……

大家对这件事情猜测了很久，今天终于搞明白了：原来张大哥的儿子上大学了，张大嫂多年照顾儿子的精力无处安放，全部转移到张大哥身上了。

中年夫妻由于子女离开家而感情回暖，重新产生了爱情消费，这是被忽视的市场需求，存在商机，值得挖掘。

4.8　分手和离婚

爱情不同于亲情，并不是永恒不变的。恋人分手，夫妻离婚，都是人间常事。中国人为分手和离婚赋予过多的悲情，让人误以为都是悲剧。而实际上，分手和离婚对某一方甚至双方都是好事。

最近我发现一哥们儿变化很大，外表光鲜亮丽，悠闲自得。午餐从13元变成了30元，下班不挤公交车了，直接打车走了。大家都以为他彩票中奖了，其实是他和女友分手了。

电影《非诚勿扰 2》的"离婚庆典"是电影史上的创新之举，嘉宾们体验后赞不绝口。葛优的台词流传于网络：

我宣布芒果女士和香山先生的离婚典礼现在开始。请二位旧人入场。今天我们在一起见证了我们共同的好朋友——芒果和香山，结束他们维持了 5 年的婚姻，从夫妻变回熟人。请你们发誓，你们做出的离婚承诺是诚实可信的、深思熟虑的、义无反顾的。请二位互相交回戒指。下面剪喜字。二位倒香槟，不过日子啦。

在现实生活中，分手和离婚是高频事件，无论悲还是喜，都被人们小心地掩藏了。随着人们的思想越来越开放，分手和离婚的消费会被激发，目前几乎是空白市场。

本章小结

爱情是精神需求，会产生很多冲动型消费。凡是有利于求爱和彰显爱情的产品和服务，会被坠入爱河中的人们优先消费。

相亲、恋爱场所、恋爱礼物、婚庆等，这些是主流的爱情消费。尽管市场上已经有无数供给者，但是没有饱和，企业仍然可以推出更有吸引力的产品和服务。因为爱情消费不嫌多，消费者需要更多的惊喜。

分娩和坐月子、有子女后的爱情消费、分手和离婚等，是被忽视和低估的细分市场，存在更多的创业机会。

第 5 章

○
●

爱美

5.1 爱美的力量

人皆爱美。有的人为了得到美，甘愿付出巨大的代价。

公元前 12 世纪，古希腊联军首领阿伽门农为了夺取"世上最漂亮的女人海伦"，发动了特洛伊战争，战争持续了九年。

人们看了电影《特洛伊战争》，一边赞叹海伦的美，一边责骂侵略者的罪恶。然而，古希腊大诗人荷马在著名史诗《伊利亚特》中歌颂了特洛伊战争。**海伦的美，竟然让交战双方的将士觉得九年的辛苦和牺牲是值得的。**

当海伦在城垣上出现时，人们便轻轻低语，彼此交谈机密："怪不得特洛伊人和古希腊人为了这个女人能这么长久地忍受困难，她看起来活像一个青春永驻的女神。"

荷马不用浓丽的辞藻来描绘海伦的美貌，而是从她引发巨大灾难悄然点出她那倾国倾城的美。

类似地，公元前8世纪，周幽王"烽火戏诸侯"，颇有"爱江山更爱美人"之风。

周幽王得美人褒姒，惊为天人，十分宠幸她。褒姒虽然生得美丽，却冷若冰霜，自进宫后没有笑过一次。周幽王为了博得褒姒一笑，想尽一切办法，不惜点燃烽火台一试。

褒姒见千军万马招之即来，挥之即去，觉得十分好玩，不禁嫣然一笑。周幽王大喜，为此数次戏弄诸侯。后来犬戎进攻西周王朝的国都镐京，周幽王点燃烽火向诸侯求救，可是诸侯都不再理会。在犬戎攻破镐京后，杀死周幽王，把周朝多年聚敛起来的财物洗劫一空。

从古至今，即便是普通人，也愿意为得到美而付出很高的代价。古语云"书中自有黄金屋，书中自有颜如玉"，得到"颜如玉"是读书人的主要奋斗目标之一。

5.2 人人都渴望变美

凡是能让自己和亲人变得更美的东西,很多人都会迫不及待地购买,所以美容和服装行业长盛不衰。

某火锅企业提供免费的美甲服务,成为有特色、有黏性的服务,吸引了大批女性顾客。尽管还有免费擦鞋、打印照片等服务,都不如美甲有吸引力。美甲和吃火锅,看似两件毫不相干的事情,却很好地组合在一起,用免费美甲带动了更贵的餐饮消费。

人的牙齿对容貌的影响比较大,很多家庭为孩子的牙齿花费了不少钱。我有个牙医朋友,他每次给小朋友检查牙齿的时候都意味深长地说:"小朋友,以后要好好保护你的牙齿。你可知道,修理那些烂掉的、参差不齐的牙齿,会花掉爸爸妈妈好多钱。"

人体从上到下,每一个器官,每一寸肌肤,都有美化它的需求和相应的产品,都是创业者的"金矿"。把不美的地方变美,保持美,要花掉很多钱。

有位设计专家整理了一张"人体美化需求汇总"图,见图 5-1,

大家看看有多少生意可以做啊。

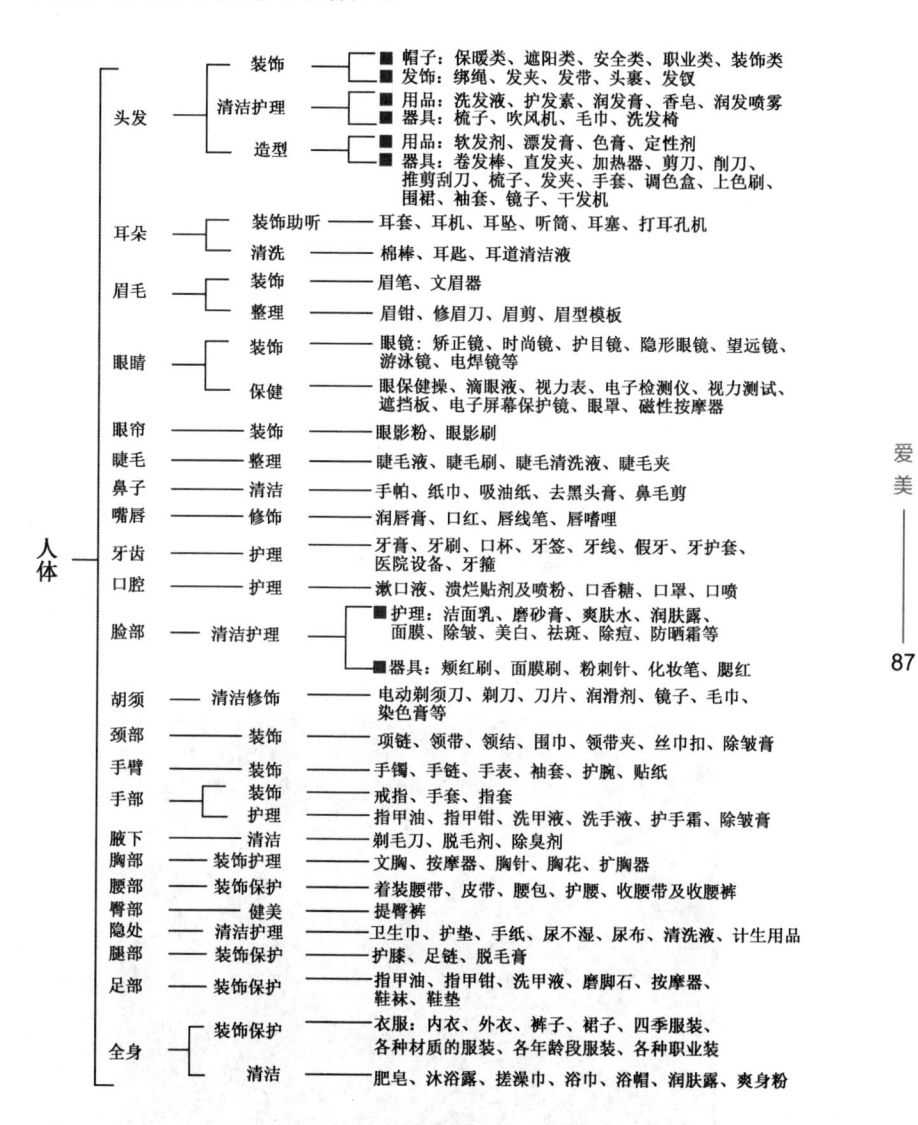

人体	头发	装饰	■帽子：保暖类、遮阳类、安全类、职业类、装饰类 ■发饰：绑绳、发夹、发带、头裹、发钗	
		清洁护理	■用品：洗发液、护发素、润发膏、香皂、润发喷雾 ■器具：梳子、吹风机、毛巾、洗发椅	
		造型	■用品：软发剂、漂发膏、色膏、定性剂 ■器具：卷发棒、直发夹、加热器、剪刀、削刀、推剪刮刀、梳子、发夹、手套、调色盒、上色刷、围裙、袖套、镜子、干发机	
	耳朵	装饰助听	耳套、耳机、耳坠、听筒、耳塞、打耳孔机	
		清洗	棉棒、耳匙、耳道清洁液	
	眉毛	装饰	眉笔、文眉器	
		整理	眉钳、修眉刀、眉剪、眉型模板	
	眼睛	装饰	眼镜：矫正镜、时尚镜、护目镜、隐形眼镜、望远镜、游泳镜、电焊镜等	
		保健	眼保健操、滴眼液、视力表、电子检测仪、视力测试、遮挡板、电子屏幕保护镜、眼罩、磁性按摩器	
	眼帘	装饰	眼影粉、眼影刷	
	睫毛	整理	睫毛液、睫毛刷、睫毛清洗液、睫毛夹	
	鼻子	清洁	手帕、纸巾、吸油纸、去黑头膏、鼻毛剪	
	嘴唇	修饰	润唇膏、口红、唇线笔、唇嗜哩	
	牙齿	护理	牙膏、牙刷、口杯、牙签、牙线、假牙、牙护套、医院设备、牙箍	
	口腔	护理	漱口液、溃烂贴剂及喷粉、口香糖、口罩、口喷	
	脸部	清洁护理	■护理：洁面乳、磨砂膏、爽肤水、润肤露、面膜、除皱、美白、祛斑、除痘、防晒霜等 ■器具：颊红刷、面膜刷、粉刺针、化妆笔、腮红	
	胡须	清洁修饰	电动剃须刀、剃刀、刀片、润滑剂、镜子、毛巾、染色膏	
	颈部	装饰	项链、领带、领结、围巾、领带夹、丝巾扣、除皱膏	
	手臂	装饰	手镯、手链、手表、袖套、护腕、贴纸	
	手部	装饰	戒指、手套、指套	
		护理	指甲油、指甲钳、洗甲液、洗手液、护手霜、除皱膏	
	腋下	清洁	剃毛刀、脱毛剂、除臭剂	
	胸部	装饰护理	文胸、按摩器、胸针、胸花、扩胸器	
	腰部	装饰保护	着装腰带、皮带、腰包、护腰、收腰带及收腰裤	
	臀部	健美	提臀裤	
	隐处	清洁护理	卫生巾、护垫、手纸、尿不湿、尿布、清洗液、计生用品	
	腿部	装饰保护	护膝、足链、脱毛膏	
	足部	装饰保护	指甲油、指甲钳、洗甲液、磨脚石、按摩器、鞋袜、鞋垫	
	全身	装饰保护	衣服：内衣、外衣、裤子、裙子、四季服装、各种材质的服装、各年龄段服装、各种职业装	
		清洁	肥皂、沐浴露、搓澡巾、浴巾、浴帽、润肤露、爽身粉	

图 5-1　人体美化需求汇总

5.3　人喜欢占有美的东西

人喜欢把美的东西捧在手里，凝视它、触摸它、占有它，见图 5-2。在质量合格的前提下，美的东西，哪怕价格比同类产品贵不少，也总是被人优先购买。

戴森吹风机的价格比普通吹风机贵了十多倍，仍然很畅销。它的设计非常美，客户看一眼就被吸引了。买的人其实可能不懂、也不在乎它的科技含量，购买的主要原因是美。

(a)

图 5-2　人喜欢占有美的东西

（b）

图 5-2　人喜欢占有美的东西（续）

　　人买美的东西，有些时候不需要理由，甚至不考虑它有没有用，先买了再说。人拥有美的东西之后，不久可能就会产生审美疲劳，又要去买新的美的东西，不断地产生新的消费。

5.4 人有强烈的愿望欣赏美

即使不能直接买到美的东西，人也有很强的愿望欣赏美。人在欣赏美的过程中，顺带产生了较高的消费。

例如，大多数人度假旅游，首选有美丽景色的地方。过去高档酒店比的是豪华，现在比的是美。中国三亚有无数美丽的酒店，建筑和环境设计可谓美不胜收。去三亚度假的人，并不只是在冬天才去。即便在炎热的夏天，很多家庭也会去三亚度假。因为美丽的大海、沙滩、酒店环境，强烈地吸引人们。

虽然不能"买"下美景，但是人们喜欢欣赏美、享受美。在美的环境中，餐饮、购物、玩乐的价格比其他地方贵得多，但是人们愿意消费，见图5-3。

美给普通商品带来了很大的增值空间。平时很便宜的饮料、点心、小商品，在美丽的环境中价格可能贵了几倍、十几倍。

(a)

(b)

图 5-3 人愿意在美的环境中产生高消费

本章小结

美，几乎对所有的生物（包括动物、植物、人类）都极具吸引力。人对美有强烈、持久的需求，愿意付出高昂的代价。主要体现在三方面：把自己或亲人变得更美；占有美的东西；欣赏美的东西。

美的商业价值在于，美能够使商品大幅增值，超越了商品原本的功效价值。美的需求和供给始终是商业主旋律。

设计美、生产美的企业人员是幸福的，他们不仅在工作过程中享受美，还能获得很高的收益。

第 6 章

○
●

懒惰

6.1 重新理解懒惰

"懒"是个很有学问的字，左中右结构，懒=心+束+负。可以解释为：心被束缚了，产生了负面的结果。

古人也用"懒"字表示卧，就是躺着的意思。

懒惰，是指用最小的代价保持现状，不愿意努力去改变。很多动物都是懒惰的，它们只在饿的时候捕猎。如果吃饱了，它们就躺着休息，保持舒适状态。即使猎物在眼前，它们也懒得理睬。在很多时候，人也有懒惰的天性。

如果一个人定了 6:30 的闹钟，而在 6:27 醒来了，那么，他大概会闭上眼睛继续睡 3 分钟。

人之所以勤奋学习、勤劳工作，一部分原因是兴趣爱好，人喜欢做某件事情，就不觉得苦；一部分原因是有竞争压力，人若不勤奋，可能会被淘汰；还有一部分原因是想达到某个目标，就不怕吃苦。

现代的懒人生活是这样的，趴在床上吃饭，躺在床上追剧，如图 6-1。

(a)

(b)

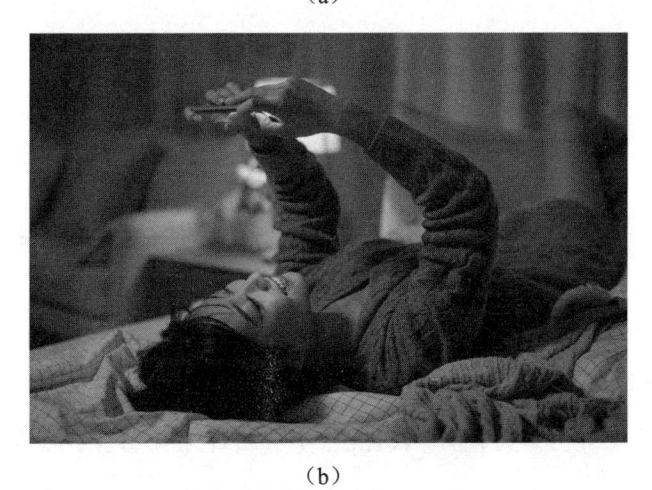

图 6-1 懒人生活

6.2 懒惰促进发明创造

懒惰是人的天性，所以人喜欢便利生活的发明、设计和服务，让自己变得更加轻松舒适，从而激发了人类的创造力。

人懒得走太远的路，于是发明了马车、汽车、火车、飞机等交通工具。人懒得写信寄信，于是发明了电子邮件。人懒得事事见面详谈，于是发明了社交软件。人懒得带大把的金银铜钱出门，于是发明了纸币、银行卡和移动支付。

人类的诸多重大发明，如汽车、电器、移动通信、互联网，极大地提高了生活便利性。

2000 年，我到上海贝尔工作，大家讨论移动通信和互联网将对社会产生哪些重大影响。我说，估计 100 年后实物货币将消失，会被数据取代。然而，不到 20 年的时间，中国就普及了移动支付。我已经很久没有摸过纸币和硬币了。

20 世纪 90 年代，电脑端的网银支付就已经产生了。为什么没有大规模普及呢？原因就是太麻烦了。你要打开电脑，进入网上银行，插入U盾，输入一大堆信息，才能完成一笔汇款。一般只能在办公室里操作，大大地限制了应用场所。

现在中国的移动支付全世界领先，一方面原因是网络和手机普及，这是硬条件；另一方面原因是中国人把不太起眼的二维码的作用发挥到了极致。

二维码，区别于常见的条形码（一维码），其用特定的几何图形按一定规律记录数据信息，看上去像一个方形迷宫。二维码信息容量比普通条形码信息高几十倍，编码范围广，可对图片、声音、文字、签字、指纹等信息进行编码。

二维码是日本人在1994年发明的，发明的动机是解决条形码的不足，主要用途仍然是当作商品的标签。发明人自己都觉得二维码没有更多的用处。中国人把二维码和互联网结合，结果应用层出不穷，扫码付钱只是其中一种应用而已，见图6-2。

每个二维码对应唯一的一串URL（网址），用手机扫一下二维码，就跳到URL对应的网页。至于网页提供什么功能和服务，由开发者自己决定。有了二维码，开发应用软件很方便，用户使用也很方便，皆大欢喜。最初发明的二维码是方形的，黑白颜色，鉴于二维码十分好用，人们"脑洞大开"，进一步研制了不规则的、彩色的二维码。

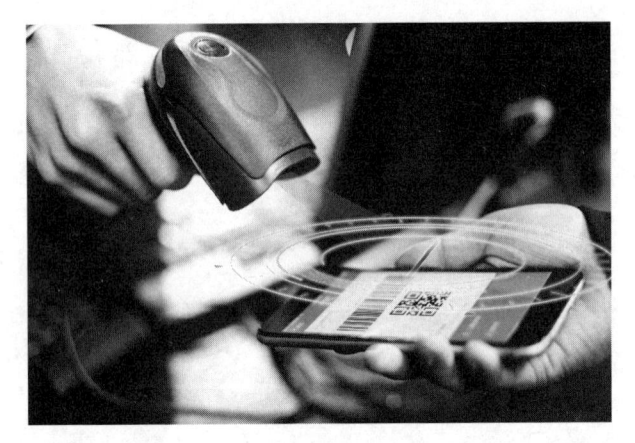

（a）

（b）

图 6-2　二维码的应用

6.3 懒惰促进应用创新

中国人在应用层面的创新或改良，称得上全球领先，如电商、外卖、网约车等。

如果创业者能够对已有产品进行微创新，提高便利性，那么也是非常受用户欢迎的，见图 6-3。

（a）

图 6-3 微创新

（b）

图6-3 微创新（续）

中国拥有良好的互联网和物流基础设施，极大地提升了人们购买商品、运输商品的便利性。在很短的时间内，中国诞生了全球领先的电商、快递、外卖等服务业。

在中国，凡是充分利用"互联网+物流"便利性的业务，都获得了先天优势，甚至改变了弱势群体的命运，如农民。

历史上，中国农民处于相对弱势地位。一方面，农产品在销售和物流环节，大幅增加了成本，最终到达消费者手上的价格可能比农民的销售价格贵很多倍，但是农民只能得到微利。

另一方面，农民很难及时获得市场供需信息。例如，农民看到别人种植、养殖某种产品赚钱了，他就会模仿着做。结果导致第二年供大于求，农产品卖不出去或者跌价了，大家都亏损，于是大家都不做了。结果又导致第三年供小于求,农产品涨价了,但是农民没有东西卖,又没赚到钱。

"互联网+物流"的便利性改变了农民的命运。买方和卖方通过互联网了解真实的供需信息,直接交易,省去了经销商环节,使交易成本大幅下降。例如,农民用视频直播展示商品,顾客网上下单,商品便捷送达,真是又好又快又省钱,见图6-4。

我在写文章的时候,手机掉在地上,屏幕坏了,我懒得自己去换屏。我就用小程序"极吼吼"预约维修,一个小时后维修人员就到了。我看着他修理手机,操作娴熟,十分钟就完成了。这项服务明码标价,客户不用担心被偷换零件、窃取数据,方便而放心。维修小哥说他每天都在路上,生意好得很。

(a)

图6-4 农产品直播销售

(b)

图 6-4　农产品直播销售（续）

6.4 懒惰改进易用性

人由于懒惰的天性，往往喜欢易用的东西，讨厌不易用的东西。对于任何产品和服务来说，易用性设计极为重要。

易用意味着容易吸引新客户，留住老客户。反之，不易用，不仅不能吸引新客户，而且还会流失老客户。

我家几乎每天都使用电视机，但是已经一年多没有开通有线电视了。有线电视的内容没有网络上的丰富多彩，并且遥控器不好用。孩子和老人经常忘记如何同时使用 2 个遥控器：一个是电视机自带的遥控器，另一个是有线电视机顶盒的遥控器。很多家庭都遇到同样的问题，我去别人家里也不会使用遥控器，甚至主人也糊涂了。

糟糕的体验太多了，我看到遥控器甚至有恐惧症，感觉自己老了，竟然搞不定遥控器。后来我干脆停了有线电视，眼不见心不烦。

中国有线电视几乎覆盖了城市中的所有家庭，但是付费率很低。我的建议是，先改进遥控器。

本章小结

懒惰，表面上看起来是个贬义词，实则蕴藏了勤劳的动机。很多聪明人为了享受懒惰，挖空心思、绞尽脑汁、百折不挠地搞创造发明，推动社会快速发展。

从商业层面讲，人的懒惰天性催生了强烈的便利需求，创业机会体现在以下方面：

（1）发明或设计便利的新产品，吸引新客户。

（2）不断地改进原有产品的易用性，留住老客户。

（3）充分利用"互联网+物流"的便利优势，提供更加便捷的服务，即使没有改变产品，也能吸引新老客户。

第 7 章

玩乐

7.1　重新理解玩乐

动物一生中多数时间花在三件大事上：吃，吃饱后玩，玩累了睡。人继承了这三大天性，又进化出了"追求"，产生了更多的快乐和更多的烦恼。

玩是人类得到快乐的最容易、最普遍的方式之一，是极高频的需求。 少数人从学习、工作、家务中得到快乐，多数人从玩中得到快乐。

在年龄小的时候，人对任何玩的东西都感兴趣，玩着玩着，慢慢地找了自己特别喜欢玩的东西，愿意付出更多的精力，我们称之为"爱好"。爱好是抵御烦恼的有效武器，一生有益。

老年人由于身体原因，力不从心，能玩的东西比较少。

中年人由于家庭和工作压力很大，可能没有心思玩了，偶尔玩也多为了短暂减压。

年轻人发自内心地想玩，却常被老板和长辈束缚。

只有少年儿童，纯粹为了快乐而玩，而且家长也鼓励他们玩。

中国的餐饮、服装、教育市场供大于求，而少年儿童的健康玩乐市场，明显供小于求。本章重点讨论少年儿童的玩乐问题和需求，创业者可以从中找到很多机会。

7.2 少年儿童的玩乐问题

我是两个孩子的父亲,陪伴孩子经历了幼儿园和小学阶段。我接触过的很多小学生和中学生,都说"在幼儿园"是他们最快乐的时光。因为幼儿园的主要任务就是让孩子玩得开心,在玩中成长。

凡是有孩子读小学或中学的家长,对孩子的学习和玩都比较担忧,既担心孩子学不好,又担心孩子玩不好。

我总结了少年儿童玩乐的两大共性问题:过度使用手机和严重缺乏运动玩乐。

一、过度使用手机

从小学到中学,年级越高,学生使用手机的时间可能就越长。手机里有很多让孩子沉迷的东西,主要是游戏和社交。2020 年的新冠肺炎疫情,使全国中小学生获得了长时间使用手机的机会,这对家长而言，也是新的"手机疫情"。

少年儿童过度使用手机的危害甚多。首先是伤眼睛，大量的学生变得近视。

其次是降低了身体素质。因为使用手机占用了孩子们原本就不充足的运动时间。

最后还有一个很严重的隐患，孩子为了躲避家长的管制，可能会撒谎。

上述三点危害，我在儿子身上都看到了。儿子曾诚恳地写了检讨书，向我和班主任保证不再玩游戏，但两天后就故技重演了。每天管制儿子使用手机，成为我的烦恼。我在老家有个侄辈，在某个大学里读计算机专业。毕业后嫌工作辛苦，他就宅在家里打游戏。一宅就是两年，每天蓬头垢面，魂不守舍。家长苦口婆心地劝其放弃游戏，找份正经工作。

他说："我不是为自己玩游戏，我是为别人打游戏，能赚钱，也是一份脑力工作。我现在每天赚几十元，以后水平高了，会赚更多的钱。"

家长听不懂儿子的"高论"，又辩不过，打电话请我帮忙为他找一份正经工作。

让他干什么好呢?

既然他大学是读计算机专业的,那就去当程序员吧。我把他送进一个 Java 培训机构学习了半年,然后让他到我的公司实习。

我让一位资深项目经理带他,只听得项目经理每天都在吼他。有一天,项目经理问他:"你对我说实话,你的大学文凭是不是假的?"

他对天发誓是真的,说可以回老家把毕业证书带来检验。

项目经理又问:"为什么你学了几年计算机,还一窍不通呢?你和我说说上课都学了什么东西?"

他支支吾吾地说:"我在学校里面每天打游戏,不知道学了什么。"

项目经理一声长叹:"别人玩游戏是娱乐,你是玩物丧志啊。"

后来项目经理带了他三年,他依旧是初级程序员水平,大家仁至义尽,只能让他离开了。

等你为人父母,你就明白家长为何痛恨孩子沉迷游戏了。世上很少有人因为玩游戏而成为王者,不仅得不到荣耀,而且不知不觉地失去了健康和青春时光。

二、严重缺乏运动玩乐

现在少年儿童的学习时间较长,其代价是减少了玩乐时间,尤其是减少了运动玩乐。

上海浦东科技馆于 2002 年运营,被评为全国中小学生研学实践教育基地,好评甚多。十几年前,我去过数次,看到馆里的大人和小孩到哪里都很兴奋。最近一次是两年前我带自己的孩子去,我的体验完全不同于以前。我发现馆内的休息区有个儿童滑梯,边上竟然聚集了二十多个孩子,孩子玩得不亦乐乎。

中小学生从周一到周五,忙于上课和做作业,除了体育课,几乎没有时间运动。而在周末,虽然有了一点儿空闲时间,但是缺少运动项目,孩子们的体能普遍很弱。

有一次我在小学里观看一群 2～4 年级的孩子打篮球,他们跑了一会儿就气喘吁吁。在休息时间,我让他们练一下单杠和双杠,结果 8 个孩子当中没有一个人能完成一次引体向上,也没有一个人能够跳得上双杠。

7.3 运动玩乐推动消费

运动能给孩子带来如下好处：

（1）运动使孩子的身体更加健康，孩子长得高，长得壮，而且心情愉快。

（2）运动能够激发孩子的挑战欲望，让孩子变得胆大、勇敢。

（3）团体运动让孩子学会了遵守规则、公平竞争，学会了配合，学会了相互鼓励，学会了承受失败和反省改进。

少年儿童喜欢运动玩乐，而且父母也希望孩子多运动，两代人的需求高度一致，消费意愿强烈。

中小学生的家庭作业量较大，空闲的时间并不多。如果孩子想去运动，那么我会鼓励他放下作业赶紧去运动。

在我带孩子的十多年时间里，花精力最多的是教育。其实我内心真正在乎的是让孩子吃好、睡好、运动好。运动产生的消费，对很多家长而言是无须犹豫的。

7.4 球类运动

常见的球类运动有足球、篮球、乒乓球、羽毛球、网球、排球、棒球、橄榄球等，见图 7-1。球类运动具有趣味性和竞技观赏性，不仅强身健体，而且协调眼睛和手脚、促进大脑发育，很受人们喜欢。

每个孩子可以至少选择一项球类运动，擅长团队球类运动的孩子很受欢迎。

（a）

图 7-1 球类运动

(b)

图 7-1　球类运动（续）

7.5 奔跑运动

奔跑可谓便宜的运动。几乎在任何安全的地方都可以奔跑，不需要特殊装备，老少皆宜，见图 7-2。

人在室外奔跑，呼吸新鲜空气，观赏四季风景，对于心肺功能和视力很有好处。

奔跑运动的缺点是比较枯燥，如果能坚持奔跑，不仅能够锻炼身体，而且可以培养坚忍的意志。

（a）

图 7-2 奔跑运动

(b)

图7-2 奔跑运动（续）

7.6 游泳运动

游泳不仅是一项好玩的运动，而且是重要的生存技能。

学会游泳，不仅能够自救，而且在必要时也能救别人。

我儿子在读幼儿园的时候，我就教他学游泳，结果教了2年他都没有学会。不得已我请来专业教练，没想到儿子第一节课学会了憋气，第二节课学会了潜泳，后来自己学会了各种动作，在水里像泥鳅一样灵活。

我为两个孩子花了很多钱，让他们上各种各样的培训班，我觉得最值的莫过于游泳。我感觉自己完成了人生的一件大事，如释重负。

现阶段我国中小学尚未普及游泳课。不会游泳的人，不仅有失足落水的风险，而且体会不到游泳的乐趣，尤其是无法切身领略海洋之美，见图7-3。

我在此建议家长，要尽可能让孩子学会游泳，解决安全的问题。

（a）

（b）

图 7-3　游泳运动

7.7 攀爬运动

攀爬时需要手、脚、眼及身体各个部位的配合，可以锻炼孩子的身体协调能力，使他们更加灵活、敏捷。

在攀爬过程中，高度不断地变化，不仅锻炼孩子的胆量，而且有助于培养孩子的空间概念，见图 7-4。

（a）

图 7-4 攀爬运动

（b）

图 7-4 攀爬运动（续）

学校和公园都应该有攀爬设施，满足孩子攀爬的需求。

我曾带女儿参观过日本的幼儿园，让她和日本的同龄孩子一起攀爬。我发现日本小孩不仅力气大，而且十分灵活，相比之下，中国孩子的攀爬能力是比较低的。

7.8 芭蕾和体操

芭蕾和体操是女孩子喜欢的艺术类运动，不仅使人体形优美，而且能提升气质，见图 7-5。长期练芭蕾和体操的女孩，站姿、坐姿、行姿都比较优雅，成为其持久的优势。

我认识的很多女孩学过芭蕾和体操，说明家长普遍具有培养意识，愿意在这方面花钱。市场主要的问题是优质老师比较少，难以吸引孩子长期坚持学习。

(a)

图 7-5　芭蕾和体操

(b)

图 7-5 芭蕾和体操（续）

7.9 街　　舞

相比于专业舞蹈，街舞学习难度低，要求没有那么苛刻，更加轻松有趣，男孩和女孩都适合，见图7-6。街舞是比较休闲的表演，容易吸引观众，让气氛热烈。在这种环境下，孩子会变得开朗活泼，不再怯场，自信心也会增强。

街舞在城市里越来越流行，像我这样传统的家长，也被儿童街舞吸引了。有一年暑假，我的两个孩子以组合的形式参加了街舞表演，成为全家的幸福记忆。儿子写作文说，那是他过得最精彩的一个暑假。

街舞培训的成本不太高，传播比较快，客户会多次消费，是不错的创业机会。

(a)

(b)

图 7-6 街舞

7.10　骑行运动

骑行是融合了技巧和高能耗的运动，比跑步的距离远得多，骑车能到达汽车无法到达的地方。骑行不仅让人锻炼了身体，而且能让人享受个性化旅行的乐趣，见图 7-7。

（a）

图 7-7　骑行运动

(b)

图 7-7 骑行运动（续）

在轿车普及之前，中国曾经是自行车大国。老百姓骑自行车出行，身体素质普遍很好，肥胖症患者很少。我读中小学的时候，经常见到邮递员在田间小路穿行，他们能够直角拐弯，跳跃水沟，简直是艺术表演。那时很多学生，包括我自己，都能用自行车耍杂，其乐无穷。

共享单车是很了不起的创新，重新普及了便利、健康的出行方式。骑行装备的价格不菲，骑行是利润比较高的行业。

7.11 滑板运动

滑板运动发源于 20 世纪 60 年代初的美国，由海上冲浪运动演化而来，是水上滑板向陆地的延伸。滑板运动的魅力可用一个"酷"字来表达。滑板运动不拘泥于固定的模式，运动者可以自由发挥，展示各种极限动作，极具挑战性和观赏性，见图 7-8。

滑板运动可以锻炼孩子的坚强意志，从刚开始不断地摔倒，到后来熟练地掌控，这是不断磨炼意志的过程。

(a)

图 7-8 滑板运动

（b）

图 7-8　滑板运动（续）

7.12 胆量运动

比较常见的胆量运动有魔鬼滑梯（比较适合 5～10 岁的孩子）和蹦极（适合青少年）等，见图 7-9。胆量运动的运动量虽然不太大，但是功效显著，能让孩子变得胆大、勇敢。

(a)

图 7-9 胆量运动

（b）

图7-9　胆量运动（续）

　　上海浦东嘉里城有个儿童乐园，里面的魔鬼滑梯非常吸引孩子。我带孩子玩了数年，发现50%以上的家长不敢滑，但是5~10岁的孩子却乐此不疲，通常能玩2小时。即使胆小的孩子，在其他孩子的鼓励下，也会勇敢地滑下去。之后他们再去玩海盗船、过山车之类的项目就一点儿都不害怕了。

本章小结

玩乐是人类抑制不住的天性，运动则是全社会倡导的健康休闲方式。当人们把多数业余时间用于运动时，国民身体素质和精神面貌将得以显著提升。

少年儿童很需要运动玩乐，家长也愿意花钱，需求真实而巨大。球类运动、奔跑运动、游泳运动、攀爬运动、芭蕾和体操、街舞、骑行运动、滑板运动、胆量运动等，非常适合少年儿童。这些市场明显供小于求，说明供给侧存在不少问题（如场地、师资等），需要创业者去解决。

第 8 章

享受

8.1 重新理解享受

从生理角度讲，享受是指人在拥有或使用某个东西时，身体感官和思想意识相互作用，产生了快乐、美好的感觉。

中国有很多关于享受的成语，可见从古至今人们都喜欢享受。研究这些成语，你会发现很有趣的规律：有关轻度享受的成语大多是褒义词，有关中度享受的成语大多是褒义词或中性词，有关重度享受的成语大多是贬义词。

古人用成语就把享受的尺度论述得很透彻了。

有关轻度享受的成语有：自得其乐、闲情逸致、赏心悦目、心旷神怡。

有关中度享受的成语有：秀色可餐、锦衣玉食、余音绕梁、回味无穷、乐此不疲。

有关重度享受的成语有：莺歌燕舞、声色犬马、飘飘欲仙、如痴如醉、醉生梦死、乐不思蜀。

合法的、适当的享受是好事情，促进了商业发展。享受催生了大量需求，引导人们做出更好的产品和更好的服务。

8.2 物质享受和精神享受

《开明国语课本》有一篇温馨的短文：三只牛吃草。一只羊也吃草，一只羊不吃草，他（它）看着花。（叶圣陶编，丰子恺绘，见图 8-1。）

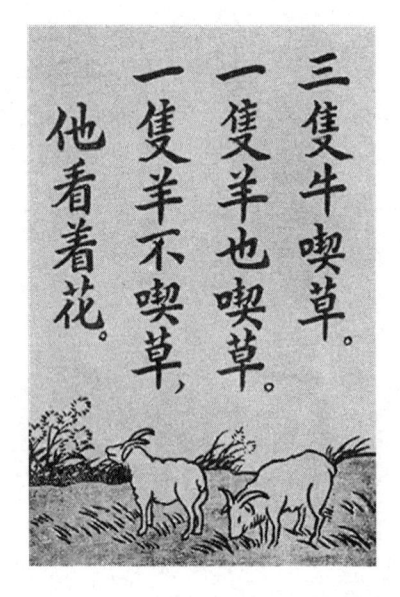

图 8-1 《开明国语课本》插图

那只吃饱了看着花的羊很幸福，它既有物质享受，又有精神享受，它可能不知道人们多么羡慕它。

物质享受和精神享受都是人类的需求，一般人在满足物质需求后，就有心思寻求精神享受。

曹操邀请刘备，青梅煮酒，谈论天下英雄。两人品尝着美酒佳肴，兴致上来了，话题敞开了。曹操说出了"天下英雄，唯使君与操耳"这等豪言壮语。"煮酒论英雄"这样的酒局，在古代堪称物美价廉的物质享受和巅峰的精神享受。

人类的精神享受极大地拓展了商品范畴。读一本书，谈一席话，听一首歌曲，欣赏一番美景，都能够产生精神享受，创业机会也因此大大增加。

8.3　享受是需求的高级满足

当卖方提供客户内心喜欢、平常不太容易得到的产品和服务时，客户愿意多花钱、多花精力得到它，而且觉得值，于是产生了物质享受或精神享受。

1998 年我第一次创业失败，有位朋友帮我清理公司。有一天，我俩在浙江大学附近的小饭馆里吃面条，大约 3 元钱一碗。

他说："杭州是个好地方，我在奎元馆吃过高档的面条，你猜多少钱一份？"

我说："最多二三十元吧！"

他说："160 元一份。"

我差点儿惊掉了下巴。

彼时，他每月只有几千元的工资，而我在浙江大学读博士的工资仅有 300 元。虽然我听闻山珍海味是很昂贵的，但是一位朴实的工程师，吃一碗面条花的钱相当于我半个多月的工资，那也太奢侈了吧。

他说："我就是想体验一下老面馆究竟有什么特别之处，多花钱也值得。"

很多产品能够解决客户的刚需或痛点，但是不能给客户带来快乐。

真正优秀的产品或服务，不仅能满足客户的需求，而且能让客户得到享受，从而产生更高的效益。

我在 2008 年买了第一辆车子，这是刚需，选了性价比不错的大众迈腾。2011 年英菲尼迪推出新款 M 级轿车，拥有同级别最好的内饰，人坐在里面真有享受的感觉。

我是穷苦出身，赚点小钱不易，买东西都是出于刚需，凡事讲究性价比。但是坐在 M 级轿车里享受的感觉，让我决定换掉 8 成新的"刚需中级轿车"迈腾，这是我纯粹出于享受的大笔消费，虽然心疼钱，但是我愿意。

不仅如此，我最初定的是标配车，性能和内饰已经很好了。但我无意中在顶配车里听了一首歌，感觉特别好，其比标配车多了 8 个音箱。一共 16 个音箱遍布全车，贵了 10 万元。我去 4S 店多次感受两种配置的车的音响效果，最终为了获得更好的听觉享受，升级到顶配。我又一次纯粹出于享受而大笔消费，还是心疼钱，但是我愿意。

车用久了，我自己有些审美疲劳。有一次接客人，我放了一首带有雷雨音效的曲子。客人在后排自言自语：上海的天气好奇怪，明明是大晴天，没有雨，却听到雷声和下雨声。我顿时又感觉到高品质音响的价值。

8.4 如何让客户产生享受的感觉

一种产品能让客户产生享受的感觉，需具备下列要素：

（1）**好的内容**。比如，一道美食的必要条件是材料要好，新鲜且无污染。一部好电影的必要条件是有好的故事，有好的编剧。

（2）**好的生产过程，包含人和工具**。好厨师用合适的烹饪工具才能把好材料制作成美食。好导演和好演员使用合适的道具才能拍出好电影。

（3）**好的使用环境**。一道美食放在脏乱不堪的环境里，是无法让人有享受的感觉的。美食要配上合适的餐具、桌椅、室内装饰、室外景观和音乐，才能让人有享受的感觉。一部电影，在电脑上、电视上、电影院里观看，效果也是不一样的。

（4）**好的服务**。例如，某些饭店，在客人等待的时候，提供饮料、零食乃至美甲、美手、擦皮鞋等服务，让客人产生温暖的感觉，心情大好。好服务是好产品的增值。

（5）**适当的稀缺性**。好东西，要保持适当的稀缺性，客户得之不易，才有享受的感觉。如果到处都是，就和吃白饭一样平常，那么好感就没有了。

我的公司曾经去一个小岛开展团建活动，午餐有鱼、虾、螃蟹、扇贝，大家很开心，很享受。晚上继续吃鱼、虾、螃蟹、扇贝，就没有了享受的感觉。第二天中午继续吃这些，大家也就倒了胃口。

本章小结

适当的享受是人的天性追求。虽然享受的代价比较高，只要消费者承担得起，自己觉得值，就无可厚非。

创业者要努力改进产品和服务，让客户感觉更舒服，这样客户就愿意花更多的钱获得享受的感觉。即使客户当时买不了，他也会想方设法在将来得到它。

能让客户获得享受感觉的产品，会让客户赞美、向往和思念，这也是对卖方努力工作的褒奖，可以让卖方获得更好的效益。

第 9 章

男人的消费特征

9.1 被低估的男人消费地位

有专家根据电商大数据分析，得出消费投资和市场价值排序：少女＞儿童＞少妇＞老人＞狗＞男人。

若把少女和少妇合并为女人，把狗改为宠物，排序更新为：女人＞儿童＞老人＞宠物＞男人。

人们普遍认同，赚女人和儿童的钱比较容易，而赚男人的钱太难。所以市场上针对男人的商品种类远少于女人和儿童。

男人的消费投资和市场价值真的排在末位吗？

显然不是。

中国从古至今（将来未知），中青年男人一直都是国民经济的顶梁柱，他们创造了很多的财富，也花了很多的钱。

市面上研究女人和儿童消费的书籍非常多，但是研究男人消费的书籍比较少，因为男人被忽视了。我在这里想提醒读者，男人的消费是很值得研究的问题。只有真正理解了男人的消费特性，才能更好地把握市场机会，更好地创业。

9.2 错觉而已

女人和儿童是小额商品的高频消费者。女人不断地买衣服、口红、面膜等，儿童不断地买玩具等。

服饰和化妆品不是男人的消费主战场。男人可能很少给自己买东西，却是昂贵商品的消费主力。男人消费不张扬，单笔消费金额可能远高于女人和儿童的消费。例如，一辆车的花费顶得上无数件衣服，一个钓鱼工具箱远贵于化妆箱。

女人和儿童买东西的数量虽然很多，但其实花的钱并没有男人多，只是错觉而已。

9.3 成年男人的四个消费阶段

男人在从开始工作（约 23 岁）到退休（约 60 岁）长达 30 多年的时间中，度过了青年和中年时期，可划分为 4 个差异显著的消费阶段。

一、工作后到结婚前

23～28 岁的男生，初入社会，精力旺盛，玩心大。工作头 5 年收入比较少，每月到手的工资，除去房租、出行、通信、餐饮等必要开支后，所剩无几。他们没有多少钱，可能也不会想着存钱。无论单身还是已经有了确定的女友，他们喜欢把钱花个精光，被称为"月光族"。

男人的收入一般会随着年龄的增加而增加，28～35 岁的未婚男士，已经从懵懂的单身人士变为单身贵族。他们在消费的时候没有思想压力，不会像养家的男人那样精打细算，基本上是为了自己的兴趣爱好或者为了吸引异性而花钱。

单身男士的共同特征是：**自由，生活压力小，社交需求迫切而旺盛，敢消费。**

随着思想的开放，晚婚人士越来越多，我国有数亿未婚男女，形成了庞大的单身群体。创业者可以以单身男士的社交需求为切入点，把他们的需求导入具体的产品和服务，触发消费。

二、结婚后到生育前

结婚最大的花费之一是婚礼，主要有：婚纱照、戒指、新娘化妆、司仪、婚宴，后续可能还有旅行。家庭条件好的，还会买车子和房子。

收份子钱相当于"众筹"，亲朋好友的份子钱，可以满足新人当时的需求，缓解当前的经济压力。但将来是要还礼的，相当于把成本分摊到未来若干年。

男人结婚后有了家的概念，异性社交需求大幅减少，省出了不少钱。夫妻俩的收入用于小家庭，会有盈余，于是他们开始存钱。家庭日常开销趋向实用性，他们逐步添置居家用品，将成为家具市场的高频客户。

三、生育后到孩子长大离家前

有孩子之后,男人突然变成了父亲,开始真正走向成熟。从孩子诞生到长大离家,在将近 20 年的时间里,多数男人的大部分收入用于养家。

男人步入中年后,事业出现了分水岭。

能力一般的中年男人,事业基本到了上限,他们的收入不会再大幅增加。如果家庭有很多房贷,加上子女的成长消费,那么压力会非常大。

很多年前张爱玲曾写道:到了中年,男人时常会感到孤独,因为他一睁眼全是要依靠他的人,而没有他可以依靠的人。

这句话仍然适合现在,这种状态的中年男人占了多数,他们的大部分钱都用于刚需,自己的消费越来越少,甚至接近零。人们常说中年男人"一毛不拔",甚至在菜市场为了省几毛钱而砍价,原因是他们没有多余的钱。

四、孩子离家后到退休前

当孩子 18 岁左右上大学时,其父母的年龄接近 50 岁,还算是壮年。孩子离家后,父母如释重负,一下子多出很多精力。到退休之前,男人可以把多出来的钱和精力,用于改善生活质量和夫妻关系，例如，购买更好的生活用品，出门旅游，拓展自己的兴趣爱好，还可以存一部分钱用于孩子和自己养老。

如果孩子培养得好，自己有能力成家立业，父母会把一部分积蓄赠送给孩子，供其结婚用，两代人皆大欢喜。如果孩子能力不够强，要靠父母出钱买房，父母为自己消费的钱骤然减少，而且埋下了两代人纠缠在一起的矛盾。

9.4 挖掘男人的消费需求

能力强的男人，收入会越来越多，花的钱也越来越多，而且大部分钱可能并没有花在刚需上。商家赚高收入男人的钱，其实比赚女人的钱更容易。

女人和儿童会明显地表达消费需求，但是男人的消费需求通常比较隐蔽、含蓄，需要挖掘。如果"挖"对了，那么可能挖出"金矿"来。

一、为孩子消费

在孩子上小学之前，父亲主要为孩子的可爱和快乐花钱。凡是能够让孩子显得更加可爱，让孩子更加快乐的产品，父亲通常都会毫不犹豫地购买。

当孩子上小学之后，父亲主要为孩子的教育花钱。孩子的课余培训是大笔开销。凡是能够缓解家长焦虑的教育产品，消费优先级高于生活用品。

还有一个比较普遍的现象，父亲比较宠爱女儿，对儿子比较严厉。父亲为女儿消费的频率远高于儿子，买东西时不太考虑有没有用处。父亲为儿子消费时会考虑该不该、值不值，如果有理由消费，那么消费金额会比较高。

大多数父亲视女儿为千金。经济条件好的家庭，大多认为女儿要富养，必须开阔女儿的眼界，避免她将来被小恩小惠、花言巧语给诱骗了。这不是势利，而是父亲保护女儿的本能，我当然也是这样的心态。

当儿子和女儿都上小学之后，我为女儿购物的次数是她哥哥的十倍以上。我统计了一下给女儿买的东西，很吃惊。我竟然给女儿买了无数件价值几十元的小东西，约占了商品总数的90%，小东西的累计金额和其余10%昂贵产品的金额相当。我完全不记得自己曾经买过那么多小东西，日积月累，不可小觑啊。

所以，卖给女生用的产品，价格要实惠一点。父亲看到价格不高，想都不想就买了，冲动型消费居多。如果价格比较高，父亲就会想一想这东西有什么用、值不值。父亲这么一思考，就会少一些冲动型消费了。

卖给男生用的产品，价格要高一些。因为无论价格高低，父亲都会思考好不好、值不值。父亲倾向于给儿子买有用的、品质高的产品。

二、为妻子消费

丈夫为妻子消费，主要是为了表达感情，当然还为了面子。

收入较高的家庭，一般性的刚需早已满足了，满足妻子的个性化需求成为主要方面。

三、为自己消费

当男人为自己消费时，不张扬，不轻易购买，很注重技术含量和品质。男人消费频率比较低，但是消费金额高。

能赚钱的男人，通常精明一些，所以销售人员想用花言巧语从他身上赚钱是很难的。

但是如果产品"击中"了男人的内心需求，那么销售人员基本上不用磨嘴皮子，男人付钱是很爽快的。

有一次我参加创业项目交流，有个创业者做"中小企业家形象设计服务"。他拜访了一位草根企业家，询问有哪些形象设计需求。

这位企业家一开口就泼了一盆冷水:"我没有形象设计需求。我是靠实力吃饭的,压根就不需要形象设计。你搞错对象了,你可以给演员、网红做形象设计,我这样的企业家不需要形象设计。"

聊了一会儿后,企业家说失陪了,马上要见客户。只见他从口袋里掏出一把梳子对着镜子梳头发,和女人一样仔细。他都不知道自己多么在乎形象!

大家见状差点笑了,因为与自己的情况十分相似。

我是技术专家出身,我在生意场合也不在乎形象,从未刻意打扮。我只要求干净,根本不在乎服装的档次。因为我认为自己是靠实力吃饭的,不需要从形象上取悦他人,我的实力比我的形象强多了。有这种心态的人比比皆是。

但是我并不是从来不在乎形象,凡是去见老师,我就比较在乎。如果是带孩子去面试,那么就更加在乎形象了。有一次我约了第二天见招生老师,我立马带女儿购物,把自己和孩子从头到尾打扮了一番,这个时候就是花钱买形象。

我也经常在口袋里放一把梳子,有些时候要给女儿梳头,有些时候也给自己梳头。由于梳子比较便宜,经常会弄丢。我特别希望有一把小巧贵重的梳子，将其一直带在身上，给女儿梳头的时候我更有满足感，给自己梳头的时候也对得起日渐稀疏的头发。我给这把梦想中的梳子想了句广告词"爱发如心"。很多中年人会悄悄地买昂贵的梳子，这是精神需求。

9.5 解读"败家"

女人的"败家"行为主要是逛街买东西、上网买东西，不停地"买买买"。很多家庭，家里塞满了衣服、鞋子、玩具和各种摆设，这些都是女人"败家"的"证据"。

我说句公道话：

女人天生爱买东西，买了很多不用或者很少用的东西，虽然浪费了不少钱，但是算不上很败家，只是为了获得快乐付出一些成本而已。女人在消费过程中真的获得了快乐，只要她觉得值，就无可厚非。

在我看来，真正大笔的败家行为，是男人犯错误造成了很大损失，金额远远超过女人的消费。不仅没有获得快乐，反而获得了痛苦，使物质和精神双亏损。

所以，与其计较女人"败家"，不如多思考如何减少男人败家。

我在二十多年的工作过程中常犯错误。犯过小错误，例如，没有做好工作、搞砸了生意，动辄亏损几十万元；犯过大错误，例如，搞错了产品方向、走错了赛道，亏损数千万元，导致很多人白忙数年，苦不堪言。

男人犯错误造成了损失，相当于花钱买教训，本质上是"高额消费"。男人创业，不论成败，创业过程中的每一天都在进行"高额消费"。

本章小结

　　我单独用一章的篇幅来论述男人的消费特征，是因为这个问题被长期忽视，我希望引起大家的关注。

　　从现实来看，男人是现阶段绝大多数家庭的经济顶梁柱，是消费背后的支撑者。除了生活必需品，男人的钱要么花在家人身上，要么花在自己身上。男人有些时候很抠门，有些时候很豪爽，但是有规律，有消费逻辑。创业者（营销者）很有必要研究男人是如何花钱的，这样才能赚到男人更多的钱。

第 10 章

需求开发与管理

10.1　应用背景介绍

本章之前论述的需求，都是人的天性需求，我们称之为商业需求，用于企业决策。然而，从确定商业需求到做出满足消费者需求的产品，之间可能相隔十万八千里。

例如，从"熟人之间的社交工具"的商业需求到开发出产品"微信"，从"人人都可以开网店"的商业需求到开发出产品"淘宝"，绝不是轻轻松松就能实现的。

简单的商业需求，有可能演化出成千上万个具体的开发需求。

通俗地讲，需求开发是需求从无到有、从粗到细的过程，主要活动有需求获取、需求分析、需求定义。

而需求管理则是预防需求发生混乱，主要活动有需求评审、需求跟踪、需求变更控制。

需求开发与管理，是"做对的事情"（Do Right Things）。之后漫长而艰巨的开发过程，包含产品设计、实现、测试、交付等活动，都是"把事情做对"（Do Things Right）。

10.2　需求开发与管理方法

开发团队最怕的两件事情是：

（1）需求不清晰。客户（或领导）不清楚需求细节，想到什么就说什么，甚至自相矛盾。需求没有形成严谨的文档，开发团队不知道究竟要做什么，只好一边做一边修改。

（2）需求经常变更。开发团队辛辛苦苦地开发出原定的功能，客户（或领导）说这不是他真正想要的东西，要求修改，或者不断地增加新的需求。

这样的痛苦发生了无数次，我将问题的根源总结为一个字"乱"。企业界和学术界达成了共识，不能用嘴随心所欲地提需求，一定要用工程化的方法来管理需求，尽可能预防"乱"。

尤其是软件产品，需求复杂而抽象，20世纪60年代诞生了软件工程学科，解决了软件开发过程混乱的问题。2000年年初，美国卡耐基梅隆大学软件工程研究所发布了CMMI（能力成熟度集成模型），这是美国国防部"软件和系统集成"的管理标准。

除了国防领域，CMMI 已经广泛应用于复杂系统的开发。

我学习 CMMI 近 600 页的英文规范就花了三年时间，之后又花了十多年时间应用 CMMI，可以说我的青春年华都用在 CMMI 上了，换来了"屠龙之技"。

CMMI 用于管理复杂系统的研发过程，其规范非常严密，对于普通产品研发而言，可能是"杀鸡用牛刀"。创业者花一点时间了解 CMMI 的一些理念及如何管理复杂系统，对做好产品有指导价值。

CMMI 对"需求工程"做了最全面、最细致的论述，我提炼了需求获取、需求分析、需求定义、需求评审、需求跟踪、需求变更控制 6 个最重要的需求活动，供读者参考使用。

所有与需求直接相关的活动统称需求工程，见图 10-1。需求工程中的活动可分为两大类：需求开发和需求管理，细分为 6 个活动。需求工程的主要工作成果和主要责任人见表 10-1。

需求开发与管理的目的是使开发方和委托方对需求有共同的、清晰的理解，并依据双方确认的需求开展后续工作（如设计、实现、测试等）。

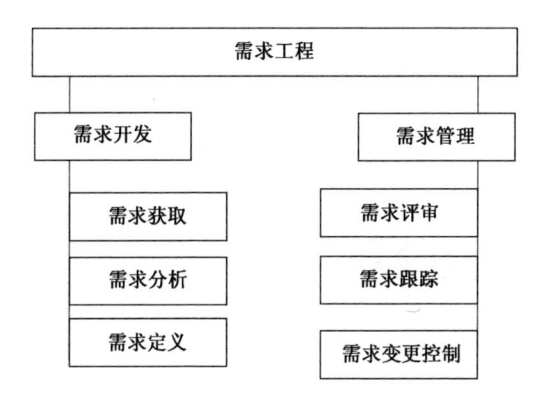

```
                    ┌──────────┐
                    │  需求工程  │
                    └─────┬────┘
              ┌───────────┴───────────┐
         ┌────┴────┐             ┌────┴────┐
         │ 需求开发  │             │ 需求管理  │
         └────┬────┘             └────┬────┘
              │                       │
         ┌────┴────┐             ┌────┴────┐
         │ 需求获取  │             │ 需求评审  │
         └────┬────┘             └────┬────┘
              │                       │
         ┌────┴────┐             ┌────┴────┐
         │ 需求分析  │             │ 需求跟踪  │
         └────┬────┘             └────┬────┘
              │                       │
         ┌────┴────┐           ┌──────┴──────┐
         │ 需求定义  │           │ 需求变更控制 │
         └─────────┘           └─────────────┘
```

图 10-1 需求工程

表 10-1 需求工程的主要工作成果和主要责任人

主要活动	主要工作成果	主要责任人
需求获取	用户原始需求	需求分析员
需求分析	需求分析意见	需求分析员
需求定义	需求规格说明书	需求分析员
需求评审	需求评审意见	项目经理或产品经理
需求跟踪	需求跟踪表	项目经理或产品经理
需求变更控制	需求变更控制报告	项目经理或产品经理

10.3 需求获取

需求分析员确定获取需求的方式，例如：

- 与用户交谈，向用户提问题。

- 观察用户的工作流程，观察用户的操作。

- 向用户发放调查问卷。

- 与同行、专家交谈，听取他们的意见。

- 分析已经存在的同类产品，提取详细需求。

需求分析员随时填写"用户原始需求表格"，参见表 10-2。

表 10-2 用户原始需求表格

来源	原始需求描述	需求分析意见

需求获取阶段可能会发生"问非所求、答非所问"的事情，获取的信息可能是错误的。

有个同事从外面急匆匆地跑进办公室，掏出 100 元问大家："谁有 2 张 50 元？帮我把 100 元拆开。"大家都摇摇头说没有 2 张 50 元，同事很着急。

过一会儿，有个人犹犹豫豫地说："我有 20 元、10 元的，可不可以？"

同事立马说："可以，可以，我要给司机付 50 元，筹齐 50 元就可以了。"

大家都笑了，他问的是有没有 2 张 50 元，问的不是需求，而是解决方案。

还有个女同事买了一辆车。

我问她："你买的是什么车啊？"

她说："我买了汽车。"

我说："我问的是什么牌子的汽车。"

她说："不知道，车牌还没有上呢。"

这就是答非所问。

需求获取阶段得到的是原始信息，并不是最终的需求文档。需求分析员先整理所有原始需求信息，为后续撰写详细的《需求规格说明书》做好准备。原始需求信息可以作为《需求规格说明书》的附件。

10.4 需求分析

很多时候，用户说不清楚需求、说错需求或者提出一些无法实现的需求。如果开发方不加思考地完全听从用户的话，那么在开发过程中将不断发生需求变更，不断地推倒重做。

需求分析是对从各种途径获取的用户需求原始信息进行分析、消除错误、补充细节等。常见的需求分析方法有"问答分析法"和"建模分析法"两类。

"问答分析法"最重要的问题是"是什么"和"为什么"。每个需求都应当用陈述句说明"是什么"，如果"是什么"的内涵不够清晰，那么应补充说明"不是什么"。如果"是什么"和"不是什么"并不是"理所当然"的，那么应当解释"为什么"，以便加深用户的理解。追究"是什么"和"为什么"的目的是获得正确、清晰的需求。

某些类型的信息，用图形表示要比用文本表示更加直观。所以将图形与文本结合起来描述需求是很自然的方法。需求建模就是指用图形符号来表示、刻画需求。软件工程教科书中常见的"建模分析法"分为"结构化分析法"和"面向对象分析法"。

需求建模工具有非常丰富的图形符号和文字标注，能很好地表达模型的细节。要注意的是：在建模时使用花样过多的图形符号，将使开发人员更难理解。世界上不存在一个包罗万象的图，用以完整地描述需求。需求建模不可能取代文字描述。在需求文档中，文字描述是第一重要的，建模主要起分析、解释作用。建议将模型存放在需求文档的附录中，便于正文引用。

10.5　需求定义

需求分析员根据需求原始信息和需求分析的结果，进一步定义准确无误的需求，撰写《需求规格说明书》（包含文字和图表），见表10-3。《需求规格说明书》是项目（或产品）最重要、最严谨的文档之一。

表10-3　《需求规格说明书》的模板

需求规格说明书
1. 项目（产品）介绍
2. 使用必要条件
3. 用户类型说明
4. 需求目录A
需求A-1，撰写文字、插入图表
…………
需求A-n
5. 需求目录B
…………
6. 负责人确认

《需求规格说明书》及其附件是后续开发工作的依据，好的《需求规格说明书》具备正确且清楚、必要且完整、可实现且可验证等特征。

一、正确且清楚

《需求规格说明书》必须正确地反映用户的真实意图，保证文字和图表没有错误。

"正确"是需求文档最重要的属性。如果"不正确"仅仅是由错别字造成的，那么作者多检查几遍文档就能解决问题。真正麻烦的是，用户或需求分析员没有说清楚需求，导致开发人员误解了需求，又导致后续工作做错了。

"清楚"是指每个需求只有唯一的含义，所有阅读者都明白是什么意思。如果一个人说的话，不同的人有不同的理解，或者理解不了，那么这句话就不清楚。

以下是"正确"但"不清楚"的示例：

（1）文字抽象或空洞，难以理解。

清朝有一届科举考试的题目是"项羽拿破仑论"。题目的本意是"项羽和拿破仑虽然都是厉害的人，但是最终都失败了，命丢了，所以还是老老实实当官最好。"

这道题目让人难以理解，有位考生不知道拿破仑是什么，觉得应该是个破轮子，提笔就写："夫项羽者，力拔山兮气盖世，岂有破轮不能拿哉？"

（2）出现形容词，不好把握尺度。

用户要求产品美观、易用、快速、便宜，这些都是用户真实的需求，但是没有说清楚"尺度"。

什么样算是美观？什么样算是易用？快速到什么程度？便宜到什么程度？

如果不搞清楚"尺度"，那么开发人员无法干活。最终用户可能会觉得不够漂亮，不好用，不够快，太贵了。

（3）一词多义，望文生义。

电梯告示写着"请带好孩子"。

妈妈严肃地对孩子说："你看见了吧，只能带'好'孩子进电梯，坏孩子不能进电梯！"

孩子听了，暗暗下定决心，一定要做一个好孩子，否则不能乘电梯。

（4）习惯不同，理解不同。

某学员练车，差点把车开进水塘里。教练惊魂未定，哆嗦着掏出十元钱给学员,说:"快去买中华,给我压压惊!"

学员跑到小卖部,买了一盒中华牙膏,一路想:"教练好奇怪啊,竟然用牙膏压惊。"

某网络广告公司的销售人员为客户讲解在信息高速公路上做广告的种种好处。客户听了很心动,对销售人员说:"赶紧行动起来,马上去做广告牌,将其放到高速公路上。"

看了上述例子,你会发现写好《需求规格说明书》很不容易。开发者和客户代表应当对《需求规格说明书》中的每一个"需求"进行评审,确保需求描述正确且清楚。

二、必要且完整

"必要"是指每个需求都是真实有用的。

正在构思、尚未想明白的东西,不要当作需求写出来,避免浪费开发资源。画蛇添足、多此一举的东西也要从需求文档中剔除,避免开发人员做吃力不讨好的工作。

"锦上添花"的需求,可能会让客户的好感更多一点,但是客户不会为此多付钱。开发者应当集中精力先完成必要的需求,如果条件允许,再满足"锦上添花"的需求。为了避免主次颠倒,应当在需求文档中将那些"锦上添花"的需求设置为较低的优先级。

"完整"是指需求文档中没有遗漏必要的需求。

不完整的需求文档将导致产品功能不完整，客户在使用该产品时无法完成预期的操作，可能会很恼火。

产品功能可以迭代发布，每次少量增加新功能。凡是发布了的功能，必须是完整的。未完成的功能，不要出现在操作界面上，不要出现"此功能正在开发，请耐心等待"等字眼。客户没有耐心去等待，除非有明确的发布日期。

人们往往倾向于关注产品的特色功能，而忽视其他一些不起眼的却必需的功能。

例如，很多饭店用心做食物，很吸引客人，但是卫生间脏乱差，让人倒胃口。经营者没有意识到卫生间是饭店的必要组件，忽视了非特色却必需的功能。事实上，如果饭店的卫生间很整洁，那么将获得客人的赞赏。餐饮业同行都忽视了这一点，你却很重视，你就会让客人刮目相看。

三、可实现且可验证

需求文档中的每一个需求对开发方而言都是可实现的。"可实现"意味着在技术上是可行的，并且满足时间、成本、质量等要求。

有些时候，当开发方营销人员和客户谈生意时，为了能拿到"单子",他们往往对客户提出的需求"来者不拒"。经过双方确认的需求文档相当于商业合同,如果开发方无法实现需求,那么就是违约。

如果开发团队不能确保某些需求能够实现,则应事先与客户(或领导)协商,达成一致的处理意见,避免将来发生纠纷。

需求文档中的每一个需求对委托方而言都是"可验证"的。如果需求是不可验证的,那么开发者表示完成了,但是客户无法验收,可能会发生纠纷。

四、阐述"做什么"而不是"怎么做"

需求文档要阐述"做什么",而不是"怎么做"。"做什么"是需求,带有强制性。而"怎么做"是解决方案,是设计和实现阶段的事情。开发团队可以灵活处置"怎么做",一般不应该在需求文档中限定解决方案。除非客户特意限定了解决方案,如某些系统之间的对接方案。

大多数IT公司的开发人员常常身兼数职,可能把需求、设计、编程等工作从头做到尾。所以他们在需求调研、分析、定义时,已经想好了"怎么做",这并没有错。关键是不要将"怎么做"写在需求文档中,单独写入设计文档就好了。

五、划分优先级

理论上讲，客户（或领导）提出的所有需求都应当准时完成。但是在现实之中，项目存在进度、费用、人力资源等限制。在项目刚开始的时候，开发方和客户都比较乐观，觉得全部需求都可以做，可是做着做着，常常会面临进度延误、费用超支、人员不足等问题。

人们想出了"取舍"办法：先满足优先级高的需求，后满足（甚至放弃）优先级低的需求，这样可以将风险降到最低。

需求的优先级其实就是需求"轻重缓急"的分级表述，如划分为高、中、低三级。那么依据什么来划分需求的优先级？

首先是根据利益大小划分需求优先级。一个产品可能有很多功能，其中一部分功能最吸引客户、让客户因心动而购买，是产品的卖点，所以卖点的优先级是最高的。

其次是根据客户的"满意度"和"不满意度"划分需求的优先级。"满意度"是指开发方实现了这个需求，而使客户满意的程度；"不满意度"是指开发方不实现这个需求，而导致客户不满意的程度。

例如，软件产品的登录功能不是其特色，客户不会因为能够登录而感到非常满意，所以"满意度为低级"。但是如果不能登录，那么客户就会生气，所以"不满意度为高级"。两者组合为"低—高"

"满意度"和"不满意度"组合的优先级顺序是高—高、高—中、中—高、高—低、低—高、中—中、中—低、低—中、低—低。

10.6 需求评审

当需求分析员完成《需求规格说明书》后，项目经理（或产品经理）邀请客户代表（或领导）共同评审《需求规格说明书》。

所有评审人员认真检查《需求规格说明书》，逐一讨论需求，力求所有需求达到正确且清楚、必要且完整、可实现且可验证，并根据开发团队的实际情况，划分需求的优先级。如果发现问题，那么当场修正《需求规格说明书》。

对于合同项目，当《需求规格说明书》通过双方评审之后，开发方负责人和委托方负责人应当做出书面承诺（签字确认），使之具有商业合同的效果。签字确认一般放在需求文档的最后一页。

不少人会草率地对待签字：不就是在一张纸的最后一行文字下面签字吗，反正已经评审过了，我就签吧。

但他将来变更需求时可能会表示不满："不错，我是签字了，但是我并没有阅读文档，是你们要求我在文档上签字的，我是相信你们才这么做的。"

为了避免发生此类纠纷，大家在做出承诺之前务必认真阅读文档，一定要明白签字意味着什么。

需求文档签字确认页的示例如下：

本需求文档建立在双方对需求的共同理解基础之上，我同意后续的开发工作根据该需求文档开展。如果需求发生变化，那么我们将按照"变更控制流程"执行。我明白需求的变更将导致双方重新协商成本、资源和进度等。

开发方负责人签字　　　　　　　　委托方负责人签字

10.7　需求跟踪

需求跟踪的目的是建立与维护"需求—后续工作成果"之间的一致性，确保所有的工作成果符合既定的需求，既没有遗漏，也没有多余。

很多人认为，如果依照"需求—设计—实现—测试"这样的顺序来开发产品，那么最终产品一定符合需求，这是理想情况。开发者是人而不是机器，人的表达能力、理解能力不可能完美无缺，人与人之间的协作很难达到天衣无缝的境界。假如没有需求跟踪，开发过程中的每个环节都可能发生偏差，偏差累积得越来越大，最终可能面目全非。

大家都有生活经验，一件事情 A 告诉 B，B 告诉 C，C 再告诉 D，结果 D 听到的事情与 A 完全不同。

为了避免后续开发工作和需求不一致，人们想出了需求跟踪这个办法。有两种需求跟踪方式：

（1）正向跟踪，即"从前向后"找对应关系。项目经理检查需求文档中的每个需求是否在后续工作成果中有对应点，避免遗漏了需求。

（2）逆向跟踪，即"从后向前"找对应关系。项目经理检查后续成果（如设计文档、代码、测试用例）是否在需求文档中拥有源头，避免做了无中生有、莫名其妙的东西。

正向跟踪和逆向跟踪合称"双向跟踪"。无论采用何种跟踪方式，都要建立与维护需求跟踪矩阵（表格）。**需求跟踪矩阵保存了需求与后续工作成果的对应关系。**

表 10-4 是软件需求跟踪矩阵的示例，其他行业也可以参考此示例。

表 10-4 软件需求跟踪矩阵的示例

序号	需求规格说明书	设计文档	源程序	测试用例
1	标题或标识符	标题或标识符	代码名称	测试用例名称
2	……	……	……	……
3	……	……	……	……

10.8 需求变更控制

需求发生变更的主要原因有：

（1）随着项目的开展，人们（包括开发方和客户方）对需求的了解越来越深入，发现原先的需求文档可能存在错误或不足，因此要变更需求。

（2）市场发生了变化，原先正确的需求可能跟不上新的市场需求，因此要变更需求。

提出需求变更的动机是好的，是为了让产品更加符合市场需求。但是对项目开发团队而言，变更需求意味着要重新安排任务、修改前期工作成果等，为此付出的代价较重。如果每次需求变更请求都被采纳，那么这个项目也许永远无法完成。

需求变更控制的目的不是为了"预防需求变更"，而是为了"防止需求变更失去控制而产生坏的后果"。需求变更控制流程如图 10-2 所示，《需求变更控制报告》的模板见表 10-5。

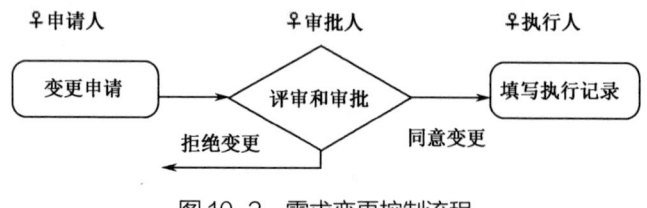

图 10-2 需求变更控制流程

表 10-5 《需求变更控制报告》的模板

1. 需求变更申请	
标题	
所属项目	
变更申请人	
内容和原因	说明变更内容和原因，估计此变更对项目造成的影响。
2. 评审（可选）和逐级审批	
评审人	评审意见
审批人	审批结论和意见
3. 执行记录	
执行人	执行记录

项目经理（或产品经理）要设法拒绝客户（或领导）提出的不合理变更。所谓不合理变更是指，客户提出的变更不是由于开发方的过错引起的，此变更会造成开发进度和成本较大地偏离原定的计划。

本章小结

在日常生活中，人们通常都是用简短的语言来表达需求的。例如，用几句话说明自己需要什么样的东西，买卖双方都能理解，不妨碍交流和交易。但是简短的需求不足以指导开发一个具体的产品。一个复杂的产品可能有成千上万个需求，不是用简短的语言能够说清楚的。

本章论述的需求获取、需求分析、需求定义、需求评审、需求跟踪、需求变更控制，都是软件工程和 CMMI 中的术语，来自全世界无数专家的经验提炼。IT 行业的开发者必须理解这些需求活动，否则难以很好地完成工作。

非 IT 行业的人员也应该学习和理解这些需求活动，他山之石，可以攻玉。在应用的时候，可以根据实际情况来简化操作。

未经许可,不得以任何方式复制或抄袭本书之部分或全部内容。
版权所有,侵权必究。

图书在版编目(CIP)数据

天性:长久需求和无限商机之源 / 林锐著. —北京:电子工业出版社,2021.4
(企业家讲坛:创新创业指导丛书)
ISBN 978-7-121-40892-2

Ⅰ. ①天… Ⅱ. ①林… Ⅲ. ①创业-研究-中国 Ⅳ. ①F249.214

中国版本图书馆 CIP 数据核字(2021)第 055960 号

责任编辑:黄 菲　　文字编辑:刘 甜　　特约编辑:白俊红
印　　刷:三河市鑫金马印装有限公司
装　　订:三河市鑫金马印装有限公司
出版发行:电子工业出版社
　　　　　北京市海淀区万寿路 173 信箱　邮编 100036
开　　本:720×1 000　1/16　印张:12.75　字数:140 千字
版　　次:2021 年 4 月第 1 版
印　　次:2021 年 4 月第 1 次印刷
定　　价:68.00 元

凡所购买电子工业出版社图书有缺损问题,请向购买书店调换。若书店售缺,请与本社发行部联系,联系及邮购电话:(010)88254888,88258888。

质量投诉请发邮件至 zlts@phei.com.cn,盗版侵权举报请发邮件至 dbqq@phei.com.cn。

本书咨询联系方式:1024004410(QQ)。